JN078226

プロたちのターニングポイント

Turning Point

of 12 Professionals

Takahiro Matsumoto

松本隆宏

地位か名誉か金か、いや、大切なのは目的だ。

――五代　友厚（実業家・1836－1885年）

はじめに

突然だが、みなさんは普段、ラジオを聴くだろうか？

私はラジオ大阪ＯＢＣの「松本隆宏の参謀チャンネル®」という番組のメインパーソナリティを務めている。その番組で、士業・経営者・元プロアスリートなど第一線で活躍するプロフェッショナルの方々をお招きし、さまざまな話をうかがっている。とても興味深い話が多く、刺激的で学びがあり、その内容をまとめたのが本書である。

ラジオは流して聴くものである以上、私もリスナーも基本的には1回しか、その方の話を聴くチャンスはない。しかし、その方の転機となった出来事や人生の分岐点など、こんなにおもしろく価値のある話を1回しか聴くことができないのは、とてももったいないのではないか――そんな気持ちから、12人のプロフェッショナルのインタビュー内容をまとめた本書のタイトルを「プロたちのターニングポイント」と名づけ、制作がスタートした。

これには、私自身がかつてラジオに助けられたという経験も大きい。今は「地主の参謀」

として地主専門の資産防衛コンサルティングに従事しているが、当時はハウスメーカーに勤務しており、毎朝、車で通勤中にラジオを聴くのが日課だった。

特に覚えているのは、有名なスポーツ選手の残した言葉を紹介するという番組だ。ベーブ・ルースやマイケル・ジョーダンなど、大きな挫折を経て輝かしい実績を残した彼らの言葉は、私の気持ちを高めてくれた。そのうちに、会社に着く前にこの番組を聴かないと落ち着かないほどになった。

当時の私のように、「参謀チャンネル」で語っていただいたプロフェッショナルの言葉が、誰かの心に響くのではないか——そう考えている。

お招きしたみなさんは、今でこそその道を極めたプロフェッショナルとして第一線で活躍されている方々だが、最初からすごい実績があったわけではなく、実は大きな壁に直面した経験があった。話を聴けば聴くほど、さまざまな障害があることがわかった。今の姿しか知らない人であれば、そんな経験があったとはとても思えないだろう。そして逃げることなく立ち向かい、時間をかけてでもその壁を突破し、今に至っているが、そのような話を聴く機会はなかなかなく、とても貴重だと思う。

誰しもうまくいかないときがあり、それを突破してきたということは、それなりの理由がある。うまくいかない理由を自分なりに模索し、新たな気づきを得て、別の道を選んだり誰かの力を借りたりなどして突破していく――このような「プロフェッショナルたちが、過去にどのように壁を乗り越えたか」という情報を自分の中の引き出しに蓄積すれば、いつか自分が壁に直面したときに、突破するヒントとなるだろう。

私は、うまくいかないときというのは、何かに気づくときだと考えている。それを乗り越えるために必要なのは、この引き出しの情報量の差ではないだろうか。引き出しを常にいっぱいにしていれば、何か起こったときに、自然とその引き出しが開いてくれて、乗り越えるヒントをくれるはずだ。

現状を打破するためのヒントや情報は、日常のいろいろなところに転がっている。そのヒントにいかにして気づくか、それに気づくために自分の感度を鋭敏に保っておくかが重要だ。すると、目の前の大きな壁は「突破し、成長するためのチャンス」となり、その人の力になる――私はそう信じている。

本書のタイトルは「プロたちのターニングポイント」だが、人それぞれ人生の分岐点がある。それは人生で1回や2回とは限らないし、1日のなかで何度もあるものだ。人生は、ターニングポイントの繰り返しだと思う。そのときに、プロフェッショナルの方々のターニングポイントの経験が自分の引き出しにしまってあれば、その先の景色が変わるはずだ。

「上質な情報との出会いが、人生を根底から変えることがある」――これは、私の師のひとりであるアチーブメント株式会社の青木仁志社長の言葉だ。本書は、上質な情報が詰まった1冊になったと考えている。私は2024年4月で48歳になったが、社会に出たころにこのような本に出会っていれば、もう少し早く今の実績に辿り着いていたかもしれない。

どのような情報に触れるかで、人生は変わる。だから本書が、読者のみなさんが自分の人生をよりよい方向に変えるきっかけとなれば、著者としてとてもうれしい。

ライフマネジメント株式会社
代表取締役　松本 隆宏

エピソード3

自分を磨き続けて、社会に価値を提供できる人になる

――アチーブメント株式会社
相談役／主席トレーナー　佐藤 英郎さん　47

エピソード6

ユニフォームを脱いだ今、初心に戻って勉強をはじめる

——元プロ野球選手（投手）
野球解説者　近藤一樹さん

エピソード9

独立して7年、解約件数はゼロ。常に自己投資を欠かさない

――株式会社Rady Bugg
代表取締役　藤本 卓也さん

エピソード1

唯一無二のキャリアで顧客の信頼を獲得

——税理士法人ベリーベスト 税理士

佐下谷 彩代さん

関西大学商学部卒業後、日本航空にて国際線客室乗務員として乗務。その後、キーエンスにて重点顧客担当営業、新規事業の拡大に従事。ベンチャー企業での人事採用職を経て、一念発起し税理士試験に挑戦し合格、税理士資格を得る。税理士法人ベリーベストに入社後は、富裕層の税務コンサルティングを含む相続及び資産税業務に注力している。

強い人やすばらしい人が勝つとも限らない。
「私はできる」と考えている人が
結局は勝つのだ。

——ナポレオン・ヒル（自己啓発作家・1883－1970年）

客室乗務員、営業、採用を経験

ＪＡＬの客室乗務員としてキャリアをスタート

「上京して15年ほど。**関西人ならではのコミュニケーション力を生かしながら、税理士として仕事をしています**」と佐下谷彩代さんは言う。

佐下谷さんは税理士法人ベリーベストの東京・千代田支店に所属する税理士だ。実家は兵庫県の伊丹空港の近くで、大学までを関西で過ごしたという。

税理士として活躍する佐下谷さんだが、もとはまったく別の職種だった。

新卒入社したのはＪＡＬ（日本航空）。客室乗務員として3年間ほど勤めた。

学生時代にはいくつか夢があり、どの道に進むか決めかねていた。

「税理士になりたいという夢はありましたが、学生時代、税理士を目指している友人のように勉強することもできず……。新卒のタイミングでは、一般企業に就職する道を選びました。ご縁があったのがＪＡＬでした」

営業、採用、そして税理士へ

客室乗務員として3年間ほどＪＡＬに勤務した後は、半導体や電子・電気機器などを販売する株式会社キーエンスに転職。１９７４年の創業以来、「付加価値の創造」によって業績を伸ばし、昨今は「日本一給料が高い会社」としてメディアや書籍などでもたびたび紹介されている会社だ。

キーエンスでは、学生時代からの夢の一つだった営業職に就いた。

「**営業といえばキーエンス**というイメージがあるなか、タイミングが合い、新規部隊として採用される形でご縁をいただきました。運がよかったですね」

キーエンスで約5年、営業職に従事した佐下谷さんは次第に「営業を現場でずっとやっていくイメージはないな」と思い始める。

ちょうどそんなとき、友人から「採用職は一生の仕事になるよ。営業職の中途採用をやってみない？」と声をかけられ、「キーエンスでの営業経験を生かせるかもしれない」という期待もあり、株式会社ビズリーチ（現・ビジョナル株式会社）に転職した。ビズリーチは、管理職や専門職、次世代リーダー、グローバル人材などの人材活用に特化した、国内最大級の転職サイトを運営する会社だ。

ビズリーチに勤務し、新卒入社から10年ほどが経過したころ、採用を通して「私って何になりたかったんだっけ？」と考える機会が増えたという佐下谷さん。自問自答するうちに**「そういえば、税理士になりたかったんだ」と、学生時代の夢を思い出した**そうだ。

「税理士の勉強をしてみようかと思っている」と家族に相談したところ、「やりたいことをやればいいんじゃない」と後押しがあり、2年間ほど勉強に専念した。見事試験合格を勝ち取り、現在は税理士法人ベリーベストで税理士として活躍している。

ユニークなキャリアを武器に活躍

税理士を志した理由

佐下谷さんはなぜ税理士になりたかったのか。
その背景には家業があったという。

「父方は地主で大家業を営んでおり、母方は商売家系です。**親戚が集まると、自然と税金や税理士の話題が出ていました。**『一家に一人、税理士がいたらいいよね』なんて話もありましたね」

「一家に一人、税理士がいたらいい」という発言は記憶に残っているものの、直接的に「税理士を目指してみたら？」と言われたことはなかったそうだ。それでも自然と税理士という職業に関心を抱いていたという。

「いつしか『税理士っておもしろそうだな』と思うようになっていました。両親や親戚から経営の話を聴いて育ったこともあり、単純に税務や経営に興味があったのです」と佐下谷さんは語る。

〝確固とした軸がない〟キャリアを通して得たもの

客室乗務員、一流企業の営業職と採用職、そして税理士と、ユニークなキャリアを歩んできた佐下谷さんだが、そのキャリアは決して計画的なものではなかったそうだ。

「『確固とした軸がない』と言われてしまうようなキャリアかもしれませんが、こんなふうに歩んでこられてよかったと感じています」とは佐下谷さんの弁である。

JALでの客室乗務員時代は、英語を駆使していろいろな人と話し、世界中さまざまな場所に行き、高いサービスレベルとコミュニケーションを学んだ。

キーエンスでの営業活動を通して、相手にわかりやすく説明し、納得してもらうこと、また深く強固な関係性を築いていく経験を積んだ。

ビズリーチでの採用職としては、相手の魅力を知り、企業の魅力と結びつけること、その結果がいかに企業にとって重要であるのかを学んだ。

こうした経験やスキルがすべて、税理士という現在の仕事に役立っているからだ。

たしかに、大学を卒業してすぐ、ファーストキャリアとして税理士を選ぶべきではないのかもしれない。なぜなら、税理士は経営者と関係を築き、アドバイスをする仕事だからだ。

社会人として豊かな経験を積み、世間を知っている人が税理士になり、経営者に助言する――。このほうが、アドバイスに深みが出るし、クライアントとしても納得感が大きくなるだろう。

佐下谷さんの場合、接客・営業・採用というフィールドで活躍してきたことが、税理士としての大きな武器であり、財産であるに違いない。

日本と海外の橋渡し。税理士としての仕事の魅力は？

これまでの経験が評価される

佐下谷さんの専門は「国際資産税」だ。

クライアントの多くは、海外に資産を保有している人や海外で投資をしている人、家族に外国人や海外在住者がいる人。特に経営者のお手伝いをすることが多い。

これまでのキャリアで、客室乗務員、営業担当、採用担当として、ビジネスの現場はもちろん、さまざまな国や地域を見てきたからこそ、**佐下谷さんならではの視点や経験が重宝される**という。

「特に営業経験が大きな財産になっていますね。営業担当者として、現場のさまざまなお悩みなどを見聞きしてきました。そんなエピソードをお話しすると、**経営者の方から親近**

感を持っていただけることが多いように思います」と佐下谷さんは語る。

専門知識を生かしてクライアントの課題を解決

国際資産税のアドバイスをする相手は、主に日本人か、日本に居住している外国人のクライアントだ。

現地での申告の手続きはどうするか、日本で申告する場合と何が違うのか……株式投資も含め、海外の税務は日本の税務と異なる。専門知識を駆使し、適切な申告を行うためのサポートをしている。各国に提携している事務所があるため、現地の専門家と協力し合いながら処理を進めていくそうだ。

「お話をいただければ世界各国、どんな国の税務でも対応します。特に多いのはアメリカですね。それ以外ならば、投資をしている方が多いアジア諸国。タイ、ベトナム、シンガポール、マレーシアなどは、ご相談いただくことが多くあります」

ちなみに、国によっては税理士が存在しないことがあるという。

「税理士がいない国では、弁護士が申告や手続きを担当することとなります。私が所属するベリーベストグループにも国際弁護士はいますし、それでもカバーできない場合は、知り合いに頼んで現地の専門家をご紹介いただき、ご一緒するケースもありますね」

税理士法人ベリーベストの強みは、弁護士や司法書士など、他の士業と連携できることだ。**国際資産税を専門にしている税理士事務所は存在するが、他の士業とコミュニケーションを取りながらワンストップで対応できる事務所は珍しい**という。

日本と海外、両方の視点を持つ佐下谷さん。

さて、日本は世界の中では生きやすい国なのか、それとも生きづらい国なのだろうか。

「見方にもよりますが、税金という観点でいうと、生きづらい国だと言われることが多いように思います。タイやマレーシア、シンガポールなどに移住した方からは『日本はとても過ごしやすいから、やっぱり日本に住みたい気持ちもある。ただ、税金が高すぎてもう戻れないよ』と言われることもあります」

近年増加している「国際相続」

佐下谷さんのもとに寄せられる相談のうち、近年増えているのは、予期せず国際相続が発生したケースだという。

たとえば、海外に留学した子どもが、そのまま現地で就職したとする。子どもが海外在住で、親は日本に住み続けるケースだ。この場合、親が日本で亡くなると、国際相続が発生する。

こうしたケースにおいて、親が所有していた資産は日本の相続税の対象となる。子どもが「自分は海外に住んでいるから日本の税金は関係ない」と考え、日本の税制に無関心でいたとしても、ここでは日本の相続税制度に則った対応が必要だ。

では、国際相続が発生したときに慌てないためには、どのような対策を講じたらいいのだろうか。

佐下谷さんは次のようにアドバイスしてくれた。

「親御さんがご存命のうちに、相続税がどの程度発生しそうか、把握しておくといいでしょう。お子さんが海外に住んでいる場合、現地の会計士さんは日本の相続税に明るくないと予想されますから、日本の税理士に相談しておきましょう。

相続税に関しては、財産の分け方によって税額を下げられることがあります。**親御さんがどのような財産をどのくらいお持ちで、相続が発生したらどれくらいの相続税がかかるのか、分け方を変えることでどの程度節税できるのかをシミュレーションしておく**のがおすすめです」

エピソード2

業界中から非難されても、顧客のために歩んでいく

――株式会社ティア 代表取締役社長

冨安 徳久さん

1960年、愛知県生まれ。学生時代、死と向き合う葬儀ビジネスに出会い、葬儀業界の不透明な体質に疑問を抱き、故人様・ご遺族のための葬儀を目指し、1997年に株式会社ティアを創業。2014年、東証・名証一部へ上場。小中高校の生徒を対象に命の尊さ、感謝の大切さを伝える「命の授業」と題した講演をはじめ、社内外で年間150回を超える講演活動を積極的に行う。

何かを学ぶためには、
自分で体験する以上に
いい方法はない。

——アルベルト・アインシュタイン（理論物理学者・1879-1955年）

旧態依然とした業界に飛び込んで

「カンブリア宮殿」にも出演した実力派経営者

私と冨安さんの出会いは、冨安さんが講師を務める講演会だった。あまりにすばらしいお話だったため、感動の涙を流す人が続出。もちろん私もその中の一人であった。

冨安さんは1997年、「株式会社ティア」を設立した。わずか一代で事業を築き上げ、**「日経スペシャル　カンブリア宮殿」（テレビ東京）に出演したほどの実力派経営者**だ。

「葬儀事業をさせていただいており、社名の『ティア』は英語で『涙』を意味します。故人様の最期の場面を彩り、すばらしいものにするために尽くすのが私たちの仕事です」

業界団体への加入を拒んだ理由

創業当初は、**旧態依然とした業界と戦う必要があったという**。葬祭業界は歴史ある企業が多い。他社から「業界団体に加入を」とくり返し求められたそうだ。

「業界団体に加入したら身動きが取れなくなることがわかっていましたから、あえて加入しませんでした。いろいろなところからいろいろなことを言われました」と冨安さんは振り返る。

業界団体に加入しないという決断をしたことで、さまざまな嫌がらせをされたそうだ。それでもその決意が揺るがなかったのはなぜなのか。

「相手は足を引っ張ってくるけれど、我々は消費者のほうを向いて走っていこう。そう決めていました」

心折れることなく事業を続けられた背景には**「業界を変えたい」という強い想い**があった。

「人の最期の場面は、残された人にとっても、亡くなった人にとっても、命がつながっていく大事な場面だと強く信じていました。忌み嫌われる仕事でしたし、社会性の低い仕事だと言う人がいることもわかっていましたが、そんなふうに虐げられる理由がどうしても理解できなかったのです。葬儀屋の地位の低さをなんとかしたいという想いが、やがて業界を変えたいという想いになりました。誰かが取り組まないと、ずっとこのままです。こんな業界が創り出す葬儀では、故人様もあとに残された方もきちんとしたお別れができない。そう考えるほど、改革への気持ちが強いものになりました」

坂本龍馬ファンだという冨安さんは、彼が手紙に書いたという「日本を今一度せんたく（洗濯）いたし申候」にちなんで**「日本の葬儀業界を今一度洗濯致し申候、という気持ちでした」**と冗談交じりに語った。

「自立」と「笑顔」を重んじる家庭で育つ

「わかっているよね？　自立だからね」

このようなすばらしい事業を作り上げた冨安さんは、どのように育ってきたのか。

「祖母と両親、姉、弟、そして私の6人家族で育ちました。今思うと、少々変わった家庭でした」

冨安家のしつけはユニークだった。両親から感情的に「勉強しなさい」と言われたことは一度もない。

特筆すべきは、**5歳くらいになると「自立しなさい」と何度も言われるようになったこと**だ。

「あなたは来年から小学生だね。高校、専門学校、大学……どこまで進学するかわからないけれど、学校を出たらきちんと自分の力で働いて生きていくこと。これを自立というんだよ」と言われ、「自立」と書いた紙を見せられて「これで自立と読むんだよ」「これだけは覚えておきなさい」と教え込まれたそうだ。

「自立しなさい」という刷り込みはかなり強いものだった。祖母と両親は折に触れて「自立しなさい」「冨安家は自立型家族だからね」とくり返し、**家の中ですれ違うときに「わかっているよね？　自立だからね」と声をかけられることもたびたびあった**というから徹底している。

なお、冨安さんは大人になるまで、「自立、自立」と言われているのは姉弟のうち、自分だけだと思っていた。だが大人になってから、姉も弟も、それぞれの場面で個別に同じことを言われていたと知ったという。

「自立」と「笑顔」を大切に

「祖母は私が15歳の頃に亡くなりましたが、亡くなる直前にも『人様のお役に立つような仕事をしなさい』と教えてくれました」と冨安さんは語る。

冨安家はいわゆる「本家」で、果樹園農家を営んでいた。冨安さんは本家の長男だったのだ。

冨安家は果樹園農家として、梨、柿、蜜柑など、一年を通して果物を育てていた。相当大変な毎日だったのではないかと察せられるが、冨安さんはこう振り返っている。

「大変は大変でした。でも祖母も両親もずっと笑顔を絶やさない人たちでした。**『笑顔でいなさい、笑顔でいるだけでみんなを幸せにできるから』**というのも、家族の口癖でした」

「自立」と「笑顔」。この2つは今も冨安さんの胸に残るキーワードだ。

「何度もくり返し言われていたから、やはり強く記憶に残っています。この経験から『教育はくり返しが肝心だ』と気づきました。人間は、何度も言わないと忘れてしまう生きものですから」――この学びは経営にも生きているのだろう。

テレビ出演の大反響

コールセンターがパンクするほどの大反響

「日経スペシャル　カンブリア宮殿」（テレビ東京）に出演したのは、創業12年目、映画「おくりびと」がヒットした翌年のことだった。

当時、株式会社ティアは名古屋証券取引所にしか上場しておらず、東証市場へは未上場。知る人ぞ知る優良企業だった。

ところが、有名テレビ番組の効果は絶大で、**予告編放映前には700円だった株価が、本編放送後には実に3倍に。**たった2週間で大きく世界が変わったのだった。

会員数も大きく伸びた。名古屋市内の火葬場の占有率は、それまで12～13％だったところ、19％にまで急上昇した。1％上がるだけでも大きな伸びだから、かなりの快挙である。

この伸びは単なる一過性のものではなかった。

そこからわずか1年で、名古屋市内の火葬場の占有率がさらに4～5％上昇。当時は東海地方の葬儀しか請け負っていなかったにもかかわらず、**関東方面からの問い合わせも急増し、コールセンターの電話が鳴りやまない事態**となった。

関東方面からの問い合わせの多くは「関東の葬儀にも対応してもらえますか?」「関東にはいつ進出しますか?」というものだった。あまりの問い合わせの多さに、関東への進出を1年早めたほどだったという。今では、出店範囲を太平洋ベルトおよび北陸地方へも広げている。

株式会社ティアは会員制だ。積立ではなく、1回の会費をいただき、特典をつけるという独特のシステムである。

そんな「ティアの会」の会員は2023年11月、50万人を超えた。

「葬儀業界を変えよう」と思わせてくれた出来事

会社が大きく成長しても、冨安さんの「業界を変えたい」という想いは揺るがない。消費者不在で、消費者の上にいるのが「普通」とされてきた葬儀業界。そんな業界の中で**「葬儀会社はサービス業だ。悲しんでいるお客様に徹底的に尽くすのが我々の仕事だ」**という信念のもと、孤軍奮闘している。

改革のうちの一つは、**価格の透明化**だ。ティアは予算で葬儀プランを選んでもらえるようにした。

予算でプランを選ぶ――他の業界では当たり前のように聞こえるかもしれないが、それまで一般的に葬儀の価格は不透明で、ブラックボックス化していた。価格の開示を嫌がる他の葬儀社から嫌がらせを受けたが、決して屈しなかったという。

そんな冨安さんのターニングポイントは、「葬儀屋だと親戚に顔向けできないから」と、恋人の両親に結婚に反対されたことだ。異業種交流会でも「なぜ葬儀屋が来るんだ」と名刺を破り捨てられたことがある。

それでも冨安さんは「人生に意味のないことなんてない。こうした経験があったからこそ『業界を変えよう』と思えたのですから」と笑う。

「命の授業」を続ける理由

「一日一生」という生き方を届けたい

冨安さんは、葬儀会社としての仕事に加え、全国の小学生・中学生に向けての「命の授業」をライフワークとしている。

「日本が平和であるのはいいことに決まっています。でも、命が当たり前にそこにある、今、自分が生きているのは当たり前だ、と思うのは少し違う。命はいつ消えてしまうかわからない——そのことを知った上で、今、享受している幸せに気づいてほしいのです」と語る。

授業を受けた子どもたちからは、熱いメッセージが寄せられる。「死にたいと何度も思ったけど、命を最期までちゃんと使い切ります」と書いてくれた子もいる。また2021年には、中学生のときに冨安さんの授業を受けた子が大人になり、ティアに就職したという。

「死はタブー視されて、いつもオブラートに包まれています。大人は子どもに『死』について伝えることはありません。でも、死の話は隠さないほうがいいと思うのです。『命は有限です。あなたは限られた時間を生きているのです。明日がくることは当たり前ではない』と、伝えていきたいです」

人間にとって今日1日がすべてだ。**「『一日一生』という生き方ができると、充実した人生が送れるはず」**――これが冨安さんの伝えたいことだ。

冨安さんが教えるのは、命の尊さだけではない。根底にあるメッセージは、**何事も当たり前と思わず、感謝することの大切さ**だ。

「何もかも親がやってくれることを当たり前と思わず、たまには『おいしい食事を作ってくれてありがとう』と言ってごらん。きっと親御さんは笑顔になってくれるはずだよ」と伝えるという。

葬儀社・ティアからトータル・ライフ・デザイン企業ティアへ

会員数が50万人を目前に、ティアは新しい取り組みを始めた。「新生ティア」と称して、**「葬儀社ティア」から「トータル・ライフ・デザイン企業ティア」へ生まれ変わる**という取り組みだ。葬儀だけでなく、生活関連事業へと事業の幅を広げている。

例えば、エアコン清掃、庭の手入れ、クロスの張替等のサービスを会員や近隣住民へ提供する。

真心を込めた葬儀で消費者の信頼を得たティア。葬儀以外の分野でも、リーズナブルながら丁寧なサービスを提供していくのだろう。

また「生前想（葬）」のパッケージ販売も新しい取り組みだ。生前に、本人が希望する形で、お世話になった人たちに感謝の気持ちを伝えるセレモニーである。次々に予約が入っており、既にセレモニーを開催した人からも大好評だそうだ。

業界の革命児・冨安さんの挑戦はこれからも続いていく。

エピソード3

自分を磨き続けて、社会に価値を提供できる人になる

——アチーブメント株式会社 相談役／主席トレーナー

佐藤 英郎さん

明治大学法学部卒業後、同大学法制研究所を経て研修コンサルタント事業に携わる。トレーナーとして40年間で延べ約25万名の経営者・管理職・営業職の研修を担当。2003年、アチーブメント株式会社取締役に就任。2005年に主席トレーナー、2016年に相談役に就任し、2018年よりアチーブメントHRソリューションズ株式会社取締役に就任。

将来の志は常に高くもちなさい。
そして、日々の足元のことを
しっかりとやり遂げることこそが、
その志に到達する最も近道なのだ。

——小林一三（実業家、政治家・1873-1957年）

70代になっても輝き続ける秘訣

健康がすべて。毎日のスロースクワットを習慣づけよ

アチーブメント株式会社で相談役／主席トレーナーを務める佐藤英郎さんは１９５０年生まれの73歳だ。背筋はしゃんと伸びており、肌にはつやがある。何より、お話ししている姿からは「現役感」が漂っている。

佐藤さんいわく、健康の秘訣は30年間続けている運動だという。

「覚えてほしい言葉は『人生は下半身』です。人間の筋肉の70％は下半身ですから」と佐藤さんは語る。

佐藤さんによると、30歳頃から、トレーニングをしない限り、毎年筋肉量は１％ずつ落ちていくという。80代には半分ほどがなくなってしまう計算だ。

「体を鍛えれば鍛えるほど、老化は遅くなります。『もう遅い』ということはなく、100歳になっても鍛えることは可能です」と佐藤さんは断言する。

そんな佐藤さんが長らく実践しており、「価値がある」と断言する健康法はスクワットだ。**4秒かけてしゃがみ、5秒かけて起き上がり、また4秒かけてしゃがむ「スロースクワット」を毎日続けることが健康の秘訣**だそうだ。

トレーニングの甲斐あって、佐藤さんは40年間風邪をひいておらず、エレベーターは使わない。階段も、歩くのではなく駆け上がるのが常だ。受講生に**「講義のすばらしさもさることながら、若い受講生よりはるかに元気でいらっしゃることに何より驚いた」**と言われるほどだ。

自分を変える「選択理論心理学®」

アチーブメントの研修の特徴

佐藤さんが相談役／主席トレーナーを務めるアチーブメント株式会社は人材教育コンサルティングファームで、目標達成の技術を伝える研修を提供している。

アチーブメントの研修には2つの特徴がある。

1つ目は**公開研修であること**だ。20歳以上の社会人であれば、誰でも参加することができる。

2つ目は**「選択理論心理学®」※をベースにしたカリキュラムであること**だ。

※選択理論はアチーブメント株式会社、NPO法人日本リアリティセラピー協会、一般財団法人ウィリアムグラッサー記念財団の登録商標

選択理論心理学の基本

選択理論心理学とは、アメリカの精神科医であるウィリアム・グラッサー博士が1965年に提唱したカウンセリング手法であるリアリティセラピーをもとに体系的に理論として発表した、新しい心理学だ。

従来の心理学との最大の違いは、**「人間の行動原理の捉え方」**にある。

従来の心理学では、人間は刺激に反応して行動するという考え方だ。一方、選択理論心理学では、人間は自分の行動を自ら選択していると考える。

佐藤さんは、従来の心理学と選択理論心理学の違いについて、次のような例を挙げて説明してくれた。

「従来の心理学では、人間が電話に出るのは『スマホが鳴ったから』と考えます。一方で、選択理論心理学では、人間が電話に出るのは『スマホが鳴っている』という情報を得て、『電話に出る』という選択をしたからだと考えるのです」

あなたは「仕事がうまくいかないのは上司のせい」「生きづらいのは親のせい」などと、現状を「刺激」のせいにしていないだろうか？　もしこれに当てはまるなら、あなたは従来の心理学の考え方にとらわれてしまっている。

選択理論心理学では、今自分が置かれている状況がどんなものであれ、すべて自分が選択した結果だと考える。つまり、仕事がうまくいかないことも、生きづらいことも、責任はすべて自分にあるということだ。

職場でトラブルに巻き込まれたとき、従来の心理学であれば、「悪いのは上司だ。上司がもっとまともだったら……」と考える。一方、選択理論心理学では「他人と過去は変えられない。どんな上司のもとでも成果を上げている人がいる。自分と未来は変えられるから、自分を変えよう」という考え方だ。

すべての責任は自分自身にある――そう聞くと「厳しい」「信じたくない、受け入れがたい」と感じる人もいるだろう。

だがこれは、裏を返せば、**どんな環境に置かれていても、行動や考え方を自由に選択し**

て、**自分が望む人生を創り出せる**ということでもある。

そのため選択理論心理学では「生まれつき」や「偶然」という考え方はしない。**「あらゆる行動を自分の手で選んでいける」**という前提のもとで考えるのだ。

私もアチーブメントの研修を受けたことがあるが、**「いいことも悪いことも、過去も未来も自分が源である」**という言葉が印象的だ。何事も、自分が変わらない限り変わらない。**一つひとつの選択が自分をつくっていて、すべて責任は自分にある。**そう考えることが出発点なのだ。

ターニングポイントは、愛する部下たちを解雇したこと

運命を変えた突然の電話

「アチーブメントの青木仁志社長との出会いがあったからこそ、今があります」――そう、佐藤さんは振り返る。

佐藤さんは2003年にアチーブメント株式会社に入社した。その前は、フリーランスとして人材教育に携わっていたという。

そんなある日、もともと知り合いだった青木社長から電話があった。

青木社長「佐藤さん、今どこで何しているの？」

佐藤さん「青森県で、とある企業の管理者研修をしています」

青木社長「東京にはいつ戻りますか？」

佐藤さん「今週末には戻る予定ですが……」

青木社長「そうですか。お願いしたいことがあるので、会えませんか？」

――**この短い電話が、その後の佐藤さんの人生を変えることになった。**

東京に戻った佐藤さんは、品川のホテルで青木社長と面談をした。そこで「ぜひ一緒にアチーブメントで仕事をしませんか」と声をかけてもらったのだ。

後から聞いたことだが、当時のアチーブメントでは、研修講師が登壇できなくなり困っていたそうだ。「誰かいい人がいたら」と考えていた青木社長の頭に、知り合いだった佐藤さんのことが浮かび、声をかけてくれたのだった。

失敗と書いて成長と読む

「私は昔からある哲学を持っています」と佐藤さんは語る。
その哲学とは**「失敗と書いて成長と読む」**というものだ。純粋な失敗などない。すべてが成長に必要なステップであり、大切な糧なのだ。

また佐藤さんはこうも言う。

「いろいろな方とお付き合いをしてきて思うのは、人はいつ、どこからでも変われるということです。**自分の意志で正しい行動と考え方を学べば、必ず望みどおりの人生を手にすることができます**」

私も実際、アチーブメントの研修を受けてあらゆる物事が変わった。

特に大きな変化といえば、物事の解釈の仕方だ。人を責めることがなくなり、素直さが増したと実感している。

40人近くの部下を解雇

そんな佐藤さんのターニングポイントは、44歳のときのことだ。

司法試験を断念し、化粧品会社勤務を経て、34歳という若さで人材会社の専務に就任した佐藤さん。**10年間がむしゃらに働いた結果、社員は120人、売り上げは40億円に達し**

ていた。

順調に見えた会社だが、あるきっかけにより内部分裂をし、倒産することになってしまう。手塩にかけて育てた講師たちが、自分の目の前で次から次へと辞めていく。やるせなかったが、経営者としてもトレーナーとしても未熟だったのだと思うしかなかった。

「私の手で40人近くの従業員を解雇することとなりました。残った社員は、オフィスですれ違っても目を合わせてくれませんし、食事に誘っても来てくれません。『佐藤さんに呼ばれたらクビだ』と思っていたのでしょう」

一人ひとりを会議室に呼び、解雇を伝えていく。通告に手が震えている社員も、結婚するときに佐藤さんが仲人を務めた社員もいる。社員たちのことを心から愛していた佐藤さんにとって、あまりにも辛い仕事だった。

「解雇された従業員たちが怒鳴ってくれたらまだ救われます。でも、ほとんどの社員たちは**『専務にこんな役割をさせてしまって申し訳ない。身体に気をつけてくださいね』**という温かい言葉をかけてくれました。その気づかいがかえってつらかった。何のために会社をやってきたのだろうと空しく思いましたし、こんなにつらい仕事はなかったですね」

自らの手で愛する部下たちを解雇する――これが佐藤さんにとってのターニングポイントとなった。この出来事をきっかけに、**「人として、社会に価値を提供できる立派な人になる」と腹をくくった**という。

また、生き方や考え方も変化した。

人に何かを求めるなら、まずは自分を成長させなければいけない。決して他責にすることなく、人としても人材育成のトレーナーとしても自分を成長させよう。さもなくば誰かに価値を提供することはできない。そう考えるようになったそうだ。

人生を変える研修

座学研修と、体験型研修の組み合わせ

一般的な研修スタイルは2種類×2種類に分かれる。

まず「座学研修」と「体験型研修」だ。

そして「オープンハウス研修（企業の垣根を超えて誰でも参加できる研修）」と「インハウス研修（企業内研修）」である。

アチーブメントはこの基準でいうと**「座学研修&体験型研修」×「オープンハウス研修」**であるといえる。

まずは座学だ。自動車免許教習の「学科」にあたる研修である。

教材を使い、目標達成や計画作成の考え方を学ぶ。人生の目的を達成する方法を教えるパートだ。

座学研修では、一つの会場に200人から250人が集う。東京会場では毎月2回、大阪会場では毎月1回開催している。福岡や名古屋などでも定期的な開催がある。歴史ある研修で、これまでの累計参加者は5万人に及ぶ。

次に体験型研修で、自動車免許教習でいえば、実際に車を運転してみるようなものだ。座学研修で学んだ考え方を行動に落とし込んでいく。

佐藤さんは、体験型研修のプロトレーナーとして40年、受講生たちの前に立ってきた。

研修は誰にでも開かれているが、佐藤さんによると、**参加者の職業として最も多いのは経営者と、参加経験のある経営者から勧められた従業員**だという。近年は医師やアスリート、芸能人も多く、業種・業界問わずありとあらゆる人が参加する研修となっている。

「6人のテーブルで研修を受けてもらいますが、そのうちだいたい半分はリピート受講の方ですね。**向上心あふれる受講生たちと交流できることも、アチーブメントの研修の醍醐味です**」とは佐藤さんの弁だ。

佐藤さんの受講生のうち、最高齢は84歳。これから事業を興したいと語っていたそうだ。

「アチーブメントの研修は感動的で楽しい」は誤解

「『研修と聞くと厳しそうという印象もありますが、アチーブメントは違うんですね』と言われることがあります」と佐藤さんは言う。

その理由は、強制がないからだ。選択理論心理学では、「外部からの刺激によって相手をコントロールすることはできない。内側から動機づけられた行動を選択している」という考え方があるからだ。この考え方に基づき、アチーブメントの研修でも、受講生に何かを強制することはない。

私にとって、このスタンスは衝撃的なものだった。

学生時代はずっと野球部に所属しており、「上の言うことは絶対」というカルチャーのもとで育ってきたからだ。一生懸命頑張っていても、必ず高圧的に叱られるのが普通だった。感情をあらわにすることもご法度とされていたため、感情に蓋をする癖がついていたが、この蓋を開ける機会をもらったように感じている。

また、正しい目標設定の仕方を学んだことは、ビジネスパーソンとしての一生の財産になったと感じている。

佐藤さんは最後に、私たちにメッセージを贈ってくれた。

「大事なのは、自分の人生を絶対にあきらめないことです。人生に終わりはありません。もっとすばらしい人生を送ろうとして行動すれば、必ず実現します」

エピソード4

デビュー作が映画化。弁護士と作家、2つの仕事があるからこそ輝ける

——ベリーベスト法律事務所 弁護士

五十嵐 優貴さん

東北大学法学部を卒業後、同大学法科大学院に進学。その後司法試験に合格し、2020年、ベリーベスト法律事務所に入所。弁護士として活動しながら作家・五十嵐律人としても活躍し、デビュー作『法廷遊戯』が第62回メフィスト賞を受賞し、2023年に映画化される。その他著作多数。

進まざる者は必ず退き、
退かざる者は必ず進む。

——福沢 諭吉
（啓蒙思想家、教育家・1835-1901年）

兼業弁護士になったきっかけ

新人賞を受賞し、ベストセラー作家に

ベリーベスト法律事務所に所属する弁護士、五十嵐優貴さんは33歳。五十嵐さんが他の弁護士と違うのは、もう一つの顔を持っているところだ。

五十嵐さんのもう一つの顔は「ベストセラー作家」。五十嵐律人というペンネームで小説家として活動している。

2023年当時、弁護士としても作家としても3年目だという五十嵐さんに、このキャリアを選んだ理由をうかがった。

「実は子どもの頃から作家になりたいという夢があったのです。ですが、当時は『これ』というテーマが見つからず、いったんあきらめることに。法律にも興味があったため、法

学部を受験し、司法試験に合格しました。

やがて『**法律をエンターテインメントとして表現したい**』と考えるようになり、小説を書き始め、新人賞を受賞して作家としてのキャリアがスタートしました」

法律というと、堅苦しいイメージがある。**難しい法律を噛み砕いてわかりやすく表現するとともに、ミステリーとかけあわせて、そのおもしろさを伝えている**のが五十嵐さんの作品の特徴だ。

「なぜ作家になりたいと思ったのですか」と問うと、五十嵐さんは次のように答えてくれた。

「特別な人になりたいという漠然とした想いがあったのですが、運動神経はよくないし、絵も得意ではありません。ただ、勉強や文章なら力を発揮する余地があるかもしれないと思ったのです。東野圭吾さんや伊坂幸太郎さんの作品が好きだったので、自分もあんな文章を書いてみたいという想いもありましたね。といっても、自分で書くようになって、一読者として読んでいるときとは小説の見え方も変わりましたが……」

また、小説のテーマとして法律を選んだのは、**「法律は社会の根底に流れているものだから」**だそうだ。SNSが流行すれば、誹謗中傷の問題が発生し、それを解決するために法律が使われる。そうした題材が見えてくるような小説を書いてみたいと考えたのだという。

2つの仕事をどう両立する？

弁護士兼作家という方にお目にかかる機会はめったにない。弁護士も作家も多忙なイメージのある職業だが、どのように時間配分しているのか。

「弁護士は仕事の特性上、突発的に依頼をいただくケースが多いものです。ですから、基本的には依頼者ファーストで動くようにしていますね。それ以外の時間を執筆に使っています」

また、守秘義務があるため、そのままは書けないものの、**小説の着想は弁護士として手がけた案件から得ることが多い**という。

「作家は一般的に『アイデアを出すのに苦労する』と言われますが、弁護士の仕事が発想

の源になるので助かっています」と五十嵐さんは語る。

「五十嵐さんの作品を読んで法律に興味を持ちました」という若い読者からの感想が何よりもうれしいそうだ。

兼業弁護士としての働き方

「弁護士業に専念して」と言われたことも

五十嵐さんは、弁護士として就職活動をする際、既に作家として活動を始めたところだったそうだ。「作家を兼業することについて、事務所はどういう反応だったのですか？」と質問すると、五十嵐さんは「『ぜひ頑張って』と言ってもらえました」と教えてくれた。

自分の采配で仕事をまわせるベテラン弁護士ならまだしも、新人弁護士が他の仕事を持っていることは、就職の足かせになりかねないのではないだろうか。五十嵐さんは事務所をどのように説得したのか。

「作家としてデビューしていて、今後も書き続けたいと思っている――と伝えました。いくつかの事務所と面談をして、**『作家は引退して、弁護士としての仕事に専念してもらいたい』**と言われたことも、『弁護士が作家としても活動していることに対して、不安になる依頼者もいらっしゃるかもしれない』と指摘されたこともあります。でも、今所属しているベリーベスト法律事務所だけは違う反応だったのです」

ベリーベスト法律事務所だけは**「作家という肩書きがあるからこそ経験できることもあるし、その経験が弁護士としての仕事に役立つはずですよ」**という言葉をかけてくれたそうだ。この言葉を受けて、五十嵐さんはベリーベスト法律事務所に入所することを決意した。

「ベリーベスト法律事務所はトップがまだ40代と若く、若手弁護士も多いので、枠にとらわれない働き方ができるのです。柔軟に、それぞれがやりたいことをやらせてくれる事務所ですね」と五十嵐さんは語る。

五十嵐さんが言うとおり、ベリーベスト法律事務所は少々風変わりな法律事務所だ。弁護士たちの報酬を公開しており、1年目でも報酬の中央値は600万円だ。顧問契約は月額わずか3980円から締結することができ、顧問数は破竹の勢いで増えているという。いろいろな弁護士が所属しているだけでなく、継続している事件数も多いため、これまで他の事務所が取り組んでいなかった医療過誤や消費者問題、学校関連など、多様な案件にチャレンジしている事務所だそうだ。

デビュー作がベストセラーとなり、映画化も実現

事務所の応援のもと、五十嵐さんは弁護士と作家を両立させながら、数々のヒット作を生み出している。

デビュー作となった『法廷遊戯』（講談社、2020年）は、ロースクールで模擬裁判を模したゲームが行われている最中に事件が起きる——という筋書きだ。

弁護士にしか書けない斬新なストーリーが好評を呼び、「このミステリーがすごい！」２０２１年版では国内３位、「週刊文春」ミステリーベスト10の２０２０年版では国内４位など、プロからの評価も高い。

２０２３年11月には、『神様のカルテ』『白夜行』の深川栄洋氏が監督を、脚本を『総理の夫』『流星ワゴン』の松田沙也氏が務め、永瀬廉氏主演で映画化された。また、漫画化も実現し、五十嵐さん自身が法律監修しているそうだ。

弁護士×作家だからこそできる「法律監修」

「許せない嘘」と「許せる嘘」を区別できるのが強み

依頼者対応を最優先にしつつ、それ以外の時間を執筆に使っていると教えてくれた五十嵐さん。ベストセラー作家でありながら弁護士でもあるという、**他にないキャリアを生か**

して、法律監修も手がけている。

「弁護士として、民事事件や刑事事件といった通常の業務にもあたっていますが、『クリエイティブな経験を法律業に生かせるのではないか』と事務所代表とも話して、法律監修も手掛けるようになりました」

法律監修とは、マンガや小説、ドラマなどで法律にかかわるシーンが登場した場合、法律的な誤りがないかどうかをチェックする仕事だ。

五十嵐さんはわかりやすい例を挙げて説明してくれた。

「ドラマで、裁判所で民事裁判が行われるシーンがあるとしましょう。本物の裁判所では撮影できませんから、裁判所を模したロケセットを準備することになります。

そこで、実際の裁判所の様子を知っている私が、よりリアルなシーンに近づくように、指摘やアドバイスをさせていただくのです。たとえば役者さんを配置するときに『弁護士役はこの位置、警察官役はこの位置に立ってください』と言ったりしますね。本物の裁判所を知らないと、こうした視点は持ちにくいものです」

裁判所の様子を知る専門家は他にもいる。それでも五十嵐さんが指名されるのは、クリエーターとしての実績があるからだ。

「完璧なロケセットを目指してアドバイスすることは、他の弁護士でもできます。でも私は作家としても活動していますから、クリエーター目線で『ここは正確な再現ではないけれど、ダイナミクスさを重視して許容すべきだ』という判断もできるのが強みです。いわば**『許せる嘘』と『許せない嘘』を意識しながら監修できる**のです」

読者目線を忘れず、編集者からのアドバイスに耳を傾ける

難解な法律用語を噛み砕き、わかりやすい形で作品に落とし込む五十嵐さん。幅広い読者に愛される作品を作るために、どのような工夫をしているのだろうか。

「担当編集者とよく話し合い、アドバイスをもらうようにしています。自分では当たり前のように使っている言葉でも、一般の方にとっては難解だということもありますから。担

当編集者が『ここは法律に詳しくない人にとってはわかりにくい』と読者目線で指摘してくれるので助かっていますね」

法律用語や法律ならではの考え方を噛み砕いて伝えることは、弁護士として働く上でもかなり気をつかっているという。

「作品の制作を通して、仕事に生きる気づきをもらうこともあります。『これは相談者に伝わりにくいから、表現を変えたほうがよさそうだ』と思うことも」

また、法律の話題を噛み砕いて作品に落とし込むことで、エンターテインメントとなるだけではなく、別の効果もあるそうだ。

「**法律の話をわかりやすく読者に伝えることで、知らず知らずのうちに法律的なトラブルに巻き込まれていたことに気づき、弁護士に相談するきっかけになる人がいるかもしれません。**これからも主体的に法律知識を発信していきたいです」

ハイペースで質の高い作品を生み出せる理由

4年目で7冊刊行。書きたいものはどんどん出てきている

現在、五十嵐さんはデビュー4年目にして、法律を扱ったエンターテインメント小説を7冊刊行している。これはかなりのハイペースだ。多忙な弁護士業務と両立させていることを考慮すると、驚異的な仕事量だと言わざるを得ない。

その疑問を投げかけると、五十嵐さんは「**書きたいテーマがどんどん出てくるので、コンスタントに書き続けることができています**」と答えてくれた。

五十嵐さんの作品は「**リーガルミステリー小説**」だ。あまり耳馴染みのない言葉だが、海外ではメジャーなジャンルだという。その定義を質問すると、次のように教えてくれた。

「ミステリーは謎を扱うもので、殺人事件が多いですが、『日常の謎』と呼ばれる、ちょっ

とした謎を解き明かしていくようなジャンルもあります。私の作品は、そこにリーガル、つまり法律の要素を掛け合わせた『リーガルミステリー小説』というジャンルです」

では、どのように「謎」と「法律」を掛け合わせているのか。

五十嵐さんの作品では、少年法をテーマにしたり、学校に所属する弁護士「スクールロイヤー」を主人公にしたり、タイムスリップと裁判を組み合わせて「過去に戻って裁判をやり直す」ストーリーにしたりと、法律の専門家にしか書けないユニークなストーリーを展開している。

作品の着想を得る瞬間

先のインタビューで「小説の着想は弁護士として手掛けた案件から得ることが多い」「弁護士の仕事からアイデアが生まれる」と語ってくれた五十嵐さん。作品の着想を得る瞬間についてもお話をうかがった。

「弁護士としての業務中に『これを小説にしたらおもしろいかもしれない』というアイデ

アが降りてきて、それを膨らませていくパターンが多いですね。それ以外にも、マンガを読んだり映画を見たりしているときにアイデアが生まれることも。**おもしろいマンガを読んだら、『これを法律にしたらどうだろう？』と考えます**」

弁護士業務のみならず、作家としてのインプットを怠らないからこそ、ハイペースでクオリティの高い作品を生み出せるのだろう。

五十嵐さんは最後に「作家は依頼がないと書けないから、一つひとつの作品のクオリティを高めて、作家としての活動を続けられるようにしたい」「弁護士と作家、両方の仕事をしているからこそ刺激を受けられます」と語ってくれた。

なお、五十嵐さん自身は、7回目の応募で新人賞受賞に至り、デビューが決まったという。もちろんコネがあったわけではなく、完全なる実力だ。

新人賞の倍率は実に300倍から400倍だそうだ。「倍率的には司法試験よりも高いですね」と笑う五十嵐さんの作品を、これからも一読者として楽しみに待ちたい。

エピソード5

見据える先は2030年。ITの力で日本を元気にしたい

──ティースリー株式会社 代表取締役CEO

榎本 登志雄さん

不動産営業、居酒屋店長、ギャンブルのみでの生活を経て、27歳未経験でIT業界へ。インフラエンジニアとして従事し、在職中にITサポート事業部を立ち上げ、2012年にティースリー株式会社を設立。2019年よりグループ経営に移行し、グループ会社3社、社団法人4社の経営者として活動している。

一度も間違ったことのない人はいないだろう。いるのであれば、それは、何にも挑戦しなかった人だ。

——ウィリアム・ローゼンバーグ（実業家・1916－2002年）

起業理由は「仲間の活躍の場をつくりたい」

トラブルを解決する「ＩＴサポート」という仕事

今回お話をうかがうティースリー株式会社　代表取締役ＣＥＯの榎本登志雄さんは、私が10年ほど仕事でお世話になっている経営者だ。

その事業内容は、企業のＩＴサポート。ＰＣやｉＰａｄなどの困りごとを解決してくれる仕事だ。

榎本さんに具体的な事業内容を聞いた。

「**クライアント企業のＩＴ担当として、パソコンなどのトラブルに対応するサービスを提供しています。**企業のＩＴ部門をアウトソーシングしていただくイメージでしょうか」

大手企業ならまだしも、中小企業の場合、企業内にＩＴ部門を設けるのは難しいものだ。

その理由は２つ。

一つ目の理由は、**IT人材が不足しているから**。多くの中小企業では、少しITに詳しい一部の従業員が、他の従業員の質問に答えている状況である。他部門と兼務しているため、質問に答えたりトラブル対応したりしている間は、その人の仕事が止まってしまう。専門外の仕事をしなければならない状況にストレスを感じ、大事な従業員が退職してしまうこともあるだろう。

二つ目の理由は、**専門人材の雇用には予算がかかるから**。ITの困りごとが発生するといっても、特に小規模の企業では、専門の人材を常駐で雇用するほどの頻度ではないだろう。また、ITサポートは売り上げを生み出す部署ではないため、人件費をかけることに難色を示す経営者は多い。

専門の人材は採用できないため、社内の「少しITに詳しいだけ」の従業員に頼りきりになる。その場合、その従業員に負担がかかってしまう上、専門家ではないゆえに解決できない問題もある——そうした課題を解決するのが、榎本さんの事業なのだ。榎本さんは**「困りごとの解決」と「『こんなことができたらいいな』の実現」の2つにより、さまざまな中小企業に伴走している**そうだ。コロナ禍にリモートワークが浸透したことで、相談件数は増加の一途をたどっているという。

私自身、榎本さんにお願いするようになって、IT関連のストレスが格段に減った。**苦手なことに時間を割かなくていい**のがこんなにラクだとは、と感動する日々だ。

パチプロ軍団を束ねて起業

榎本さんは27歳でIT業界に飛び込み、30歳で起業した。**27歳までは、パチプロとして4年間生活していたという。**それまで出会った仲間とともにいわば「パチプロ軍団」を結成しており、そのリーダー的存在だったそうだ。

パチプロ軍団には最大12人が所属していた。

あるとき榎本さんは**「このままずっとパチプロで食べていくわけにはいかない。社会に彼らの居場所を用意しなければ」**という思いから起業を決意する。そうして生まれたティースリーは、2023年に11期目を迎えた。

クライアントの信頼を得るために細心の注意を払う

なぜ「ＩＴサポート」がまだ一般的でないのか

中小企業のＩＴサポートという仕事について、もう少し詳しくうかがってみよう。

「基本的には10～40名規模の企業さまのＩＴ担当として、ＩＴ関連のお困りごとに対応しています。クライアントの業種はさまざまですが、データの取り扱いが多い士業の割合が比較的高いでしょうか」と榎本さんは教えてくれた。

一度お願いしてみれば、もう頼らずにはいられないＩＴサポート。それでも、まだまだＩＴサポートの活用が一般的でないのはなぜなのだろうか。榎本さんに聞いてみると、「ＩＴに詳しい方もいますし、自分で何とかできそうなイメージがあるのではないでしょうか」とのこと。続いて次のように語ってくれた。

「自分で何とかできたとしても、**得意でないのなら、他の誰かに任せるべき**です。苦手なことに時間をかけないのは、生産性アップの基本ですから」

企業の目的は本業を拡大していくことのはずだ。**苦手なことはどんどんアウトソーシングして、本業を伸ばしていくための時間を創り出す**――これこそ、従業員の限りある時間を有効に使うためにやるべきことではないだろうか。

「社内にＩＴ部門がない中小企業では、ＰＣに詳しい従業員がトラブル対応することとなりますが、必ずしもすべての課題を解決できるわけではないでしょうし、**一生懸命トラブルに対応しても、時間を投資した割に何も生み出しません。**その部分をプロに任せてもらいたいのです」と榎本さんは熱弁する。

たしかに私自身、ティースリーとＩＴサポート契約したことにより、業務が非常にスムーズなものになったと実感している。私たちはＩＴのプロではない。プロに任せられるところはすべて任せるべきなのだ。

ティースリーと出会って、**「今までなぜプロに任せていなかったのだろう」「これまでどれほどの時間を浪費してきたのだろう」**と考えるようになった。私たちが時間を使うべきは本業であって、ITトラブルシューティングではないのだ。

「見える化」でクライアントを安心させる

ティースリーとITサポート契約を結ぶと、機密情報も公開することとなる。どのようにクライアントの信頼を得ているのか。

「裏で作業をしてしまうと、クライアントは不安になるでしょうから、作業がどういうふうに行われているのか、すべて見える化するように心がけています。操作している画面を共有して、自分たちの作業を見ていただくのです」

また、重要な情報を扱う仕事だけに、社内教育には気を使っているそうだ。

「情報セキュリティの知識は日々アップデートされますから、国の基準を欠かさずチェックして正しい情報管理を遵守し、社内教育も行っています」と榎本さんは語る。

創業直後、学びに投資した理由

経営者の考えや気持ち、意図を理解したい

11期目を迎えて順風満帆に見えるティースリーだが、創業当初は課題もあった。

「起業当時は、目的が『会社をつくること』だったため、勢いで立ち上げました。ところが、実際にＩＴサポート契約を結ばせていただいて経営者に伴走するとなったとき、ＩＴの知識はあっても、**『経営者が何を望んでいるのか』が実感として理解しづらかった**のです」

そこで榎本さんがとったアクションは、経営者として必要な知識を学ぶことだった。具体的には、アチーブメントの人材研修を受け、目標設定や理念経営を学ぶことにしたのだ。これは榎本さんにとって、そしてティースリーにとっても大きな転機となった。

私もアチーブメントの研修を受けたが、それは経営がある程度軌道に乗り、課題が見えてきたタイミングだった。**創業してすぐの忙しい時期に、自ら課題を見つけ、身銭を切って学びに投資する榎本さんの姿勢**はすばらしいというほかない。

「ITは企業の根本にかかわるものです。『**クライアント企業のITにタッチさせていただく以上、自らが学び、成長して、経営者の考えや気持ち、行動や発言の意図を理解しないと信頼して任せてもらえないな**』と、早い段階で気づけたのは大きかったですね。企業活動を通してこの気づきを得られたからこそ、徹底的に学ぼうと決意することができました」

また榎本さんは、従業員たちのためにも努力をしたかったと語る。

「お客さまはもちろんのこと、自分を信じてついてきてくれる従業員たちをどう幸せにしてあげられるか。そう考えたとき、『**自分が学ぶことなく、ラクをしてみんなを幸せにできるわけがない**』と常に思っていたのです。従業員たちの顔を見ると、頑張ることしかできませんね」

この発言には非常に共感した。

私自身もアチーブメントでの学びを通じて、経営者としての常識を学ぶことができたのだ。

何ごとも「誰から学ぶか」は非常に重要だ。野球は野球が上手な人に習ってこそ上達する。だから私の場合、起業家として成功したいなら、起業家から学ぶことが正しい選択だと確信していた。榎本さんもきっと同じ理由でアチーブメントを選んだのだろう。

そういうと、榎本さんは「そのとおりです。私たちは同じ学びを経験していますから、共通言語がありますよね。経営者としての価値観が一致していますし、理解し合える部分も多いと感じます」と答えてくれた。

また榎本さんは、アチーブメントの研修を受講する前と後では、会社の判断軸が変わったという。**自分の主観ではなく、会社が大切にする理念・ビジョン・ミッションをどう達成するかに変わり、判断基準が明確になった**のが大きな収穫だと考えているそうだ。また、会社の進むべき方向を社員やメンバーに伝え続けることの大切さも学んだと語る。

２０３０年に実現したいこと

ティースリーの目指す未来

経営者としての榎本さんが見つめる先は、２０３０年だ。なぜ、２０３０年なのか、榎本さんはこのように語ってくれた。

「ご存じでしょうか。２０３０年には日本でＩＴ人材が最大79万人不足する可能性があると経済産業省が発表しています。これは我々ＩＴ業界で働く人間にとって解決していきたい一つの未来であり、中小企業含めどの企業でも避けては通れない大きな経営課題の一つだと考えています。この社会的な課題に対し、ティースリーはＩＴサポートを通じて社会全体におけるＩＴ人材不足の解消とＩＴ人材の育成に取り組んでいきたいと考えています」

予想されるこの社会課題に対し、目下いろいろな展開戦略を考えているとのことだが、その中でも特に大切にしている想いがあるという。

今、働けていない人や、海外からの留学生など、想いのある人に働くきっかけを創出したいと話す。その連鎖によって、ただ純粋に働くことに加えて、働く人ぞれぞれのワクワクを創り出す組織にしたいという。

「ありがたいことに、今では多くのお客様のご支援をさせて頂ける企業へと成長しましたが、もともと私はパチプロ時代の仲間の雇用を生み出したいという想いだけで、右クリックって何？という状態からこの業界でスタートしています。ですので、どんな人であってもやる気と想いさえあれば、技術はあとからついてくると考えています。会社という箱で、自分が実現したい世界があるのか、それがライフワーク（人生をかけて成し遂げたい仕事）なのかライスワーク（生活するための仕事）なのか……いろいろあると思うのですが、それぞれの想いを実現するために、会社という場を活かしていただけたら、そしてそのためのきっかけを作り続けることができたらと思っています」

その中にはもちろん、産後の社会復帰を望む女性たちの雇用も含まれている。産前にＩＴの仕事をしていても、子育てをしている間に、どんどん進化するＩＴ技術に取り残されてしまっている人は多いだろう。

ティースリーとしても、人材を採用すれば、ITサポートとして携われる企業が増える。結果的に、それが**日本の中小企業の底上げにつながればいい**――そう榎本さんは目を輝かせる。

クライアント企業の困りごとを解決するティースリーだが、ティースリー社内で困りごとが発生することもあるのだろうか。

「そうですね。社内の困りごとは社内でもちろん解決できますが、私たちが困っていることは、世の中の企業さまも同じように困っているはずです。ですから、**私たちが困ったことは、事例として積極的に情報発信し、他の企業さまの役に立てれば**と考えています」

榎本さんのような熱い志を持った経営者が増えれば、日本の中小企業はもっと元気になることだろう。これからも榎本さんとティースリーの取り組みを応援していきたいと思う。

エピソード6

ユニフォームを脱いだ今、初心に戻って勉強をはじめる

――元プロ野球選手（投手）／野球解説者

近藤　一樹さん

高校時代、日大三高のエースとして第83回全国選手権の初優勝に貢献し、2001年度ドラフト会議にて大阪近鉄バファローズから7巡目指名を受けて入団。2004年、球団合併による分配ドラフトでオリックス・バファローズに移籍。2016年、東京ヤクルトスワローズに移籍。2018年に最優秀中継ぎのタイトルを獲得。2023年より関メディベースボール学院のコーチに就任。

努力は必ず報われる。
もし報われない努力があるのならば、
それはまだ努力と呼べない。

――王　貞治
（元プロ野球選手、監督・１９４０年－）

子どもたちに野球を教えるということ

応用するには基礎の習得が必須

近藤一樹さんは1983年生まれの元プロ野球選手だ。

日大三高の野球部に入部し、第73回選抜高等学校野球大会と第83回全国高等学校野球選手権大会に春夏連続出場。第83回全国選手権では同校の初優勝に貢献した。

2001年度のドラフト会議で大阪近鉄バファローズから7巡目指名を受けて入団し、2004年のシーズン終了後、球団合併による分配ドラフトでオリックス・バファローズへ移籍することとなる。

2016年には八木亮祐選手とのトレードにより、東京ヤクルトスワローズへ移籍した。2018年には74試合に登板し、球団記録を更新する活躍となった。2019年にも59試合に登板して、ヤクルトスワローズを支えた。

そんな近藤さんは2022年に現役を引退し、2023年に40歳を迎え、現在は主に小学生・中学生の野球コーチとしての活動に力を入れているという。

子どもたちに教えるのは主に野球の基礎だ。その理由を近藤さんは**「基礎があってこそ応用できるから」「今の子どもたちは動画を見て人の真似をするけれど、基礎基本が身についていないと、誰かの真似をしてもうまくいかない」**と語る。

「指導する立場だと、子どもたちの人生を背負うという責任が発生します。今まで好き放題にやってきましたが、また違う責任を感じていますね」とは近藤さんの弁だ。

プロ野球選手としての体調管理

登板予定のない日も「もしかしたら投げるかもしれない」と考えていた

近藤さんといえば、最後に所属したヤクルトスワローズでの活躍が特に印象的だ。年間

143試合のうち、2018年シーズンは実に74試合に登板し、球団の活動を支えるとともに、ファンを沸かせた。

一年に74試合とはとんでもない数だが、近藤さんはどのような気持ちで出場していたのだろうか。

「もちろん疲れはありましたが、楽しさと悔しさ、どちらも感じられるポジションを任せてもらえてありがたかったです」

当時は、試合を見ながら、自らの気持ちをコントロールする日々だったという。

「登板予定ではない日でも、ベンチでは『もしかしたら今日も出場することになるかもしれない』と考え、気持ちをキープするようにしていました」

常に気持ちを途切れさせないでいたからこそ、2日に1回という高い登板頻度をこなせたのだろう。

ケアのポイントは「冷やさない」

現役プロ野球選手としては、自分よりも若い選手たちと戦う必要があった近藤さん。どのように身体の調子を整えていたのだろうか。

「身体のケアは、とにかく**『冷やさないこと』**を心がけていました。シャワーではなく湯船に浸かるのはもちろん、夏にクーラーがガンガンかかっているような部屋にいるときは、必ずパーカーなどを着て人より厚着をするようにしていました」

冷やさないようにしていた理由は、一度冷やしてしまうと、温めるのに苦労するからだそうだ。

もちろん食事制限もあった。**積極的に摂取する食材と極力避ける食材を明確に把握し、自身で管理していた**そうだ。

移籍とともに訪れた転機

近藤さんに転機が訪れたのは、ヤクルトスワローズに移籍した２０１６年、シーズン途中のことだった。

このときまで近藤さんは、先発ピッチャーという役割がメインだった。だがヤクルトスワローズに移籍すると、中継ぎピッチャーという役割を任されるようになった。

「当時は怪我をしていたけれど、毎日投げられるのかという不安と、でもやってやろうという気持ちで結果を残すことができました」と近藤さんは振り返る。

また、投球スタイルは変えなかったものの、球種を絞り、「全部が勝負球」に変えた。全力で抑えにいくには何がいいかを考え、「一球一球をいかに全力で投げられるか」という基準のもと、「これ」という球種だけを残したという。

そこに抵抗はなかったのか。そう尋ねると、近藤さんは**「ファンのために、なんとか切り替えなければという気持ちでしたね」**と打ち明けてくれた。

プロ野球選手としてのメンタル管理

怪我と向き合い、メンタルを整える

いくら身体が健康でも、メンタル不調があればスポーツ選手として思うような結果を残すことは難しいだろう。近藤さんはどのようにメンタルコントロールをしていたのか。

「試合で投げられないのは、野球選手として仕事をしていないということになってしまいます。もちろん数字も残りません。怪我をしているときは、ずっとその悔しさをぬぐえませんでしたね」

怪我をしてしまい、**試合に出場できないときは、「怪我の原因は何か」「どうしたら治せるか」を学ぶ**ことが、近藤さん流のメンタルコントロール術だったそうだ。

怪我の原因は自分の弱点につながっている。怪我から回復した後、自分の弱点を克服したことで、「怪我したからこそ、より良い結果が残せた」と感じたという。これはプロ選手として一つの転換点となったようだ。

怪我をしていたときのことを、近藤さんは次のように振り返る。

「自分一人では何もできません。怪我のケアをしてくださるトレーナーさんやいろいろな方々にアドバイスをいただいては『試してみます』のくり返しでした」

近藤さんはそのときのことを「少しずつ階段を上っていくような感じ」と表現している。プロフェッショナルからのアドバイスを受けながら、自分でも勉強して知識をつけながら、怪我と向き合う日々だったそうだ。

「過去の傷が痛みだすこともありましたが、長い期間付き合っている痛みですから、『そんなものだ』と受け入れていました。もしかすると、怪我をしすぎて、鈍感になっているところもあったかもしれません。痛みを痛みとして捉えるというより、痛みがあることが普通になっているような感覚です」と振り返る。

日々のルーティンがメンタル維持に役立った

また、トレーナーから教えてもらった、優秀な消防士の話も記憶に残っているという。

「優秀な消防士さんは、毎日同じ動作をくり返すそうです。その理由は、**同じ動作をすれば、調子が良くないときに『今日はいつもと違う』と気づけるから。**この話を聞いて、さっそく自分の日常生活にもルーティンを取り入れました。同じことのくり返しはやはり飽きますが、不調などの違和感を覚えて修正するというトレーニングができたことは良い結果でしたね」

ルーティンをつくることは、メンタル維持にも役立った。

「**毎日ルーティンをキープすることによる安心感がありました。**ナイターがあったり、デイゲームがあったりと、起きる時間が毎日違いましたが、体の動かし方は同じにすることで、自分を安心させていましたね」

今もルーティンを続けているのだろうか。そう問いかけると、近藤さんは「いえ、今は生活が変わったので、同じようにはできません。同じようにできないから不安で仕方ないですね」と笑った。

失敗に備えることの大切さ

失敗&対策の引き出しを持つ

プロスポーツ選手として活躍する以上、どんなに偉大な選手でも常勝ではいられない。近藤さんは失敗についてどんな考えをもっているのだろうか。

「失敗はつきものです。**成功している人の共通点は、失敗に備えていること**だと思います」

失敗に備えるとは、近藤さんの言葉を借りると**「引き出しを持っておくこと」**だ。何か普通ではない事態が起こったときにどうするか、どう対応するかという「回路」を持っておく――それができる人は、どんな事態でも平常心をキープして成果を出せると近藤さんはいう。

「打たれるかもしれない。ストライクが取れないかもしれない。そうした事態を前もって予測しておき、それぞれについての引き出し、つまり**対応法を持っておけば、次の手をフラットに考えることができます。**失敗は怖いけれど、綿密に準備しておけば結果は変わってくるでしょう。何事も準備が大事だと思います」

私も同感だ。スポーツ選手が「打たれるかもしれない」「ストライクが取れないかもしれない」と考えておくのと同様、ビジネスパーソンも「売上が思うように伸びないかもしれない」「社員が急に退職してしまうかもしれない」などと、仮説を立てつづけることが重要だといえるだろう。

パ・リーグからセ・リーグへ移籍して

プロ野球選手として活動した20年ほどの間で、大阪近鉄バファローズ、オリックス・バファローズ、東京ヤクルトスワローズと、3つの球団に所属した近藤さん。それぞれの球団では、どのようなことを考えながらプレーしていたのだろうか。

「3球団を渡り歩いてきましたが、チームそれぞれに異なる特徴があり、いろいろな経験ができたと感じています。近年は野球のレベルが上がり、セ・リーグもパ・リーグも同じになっていますが、パ・リーグからセ・リーグに移籍したときに感じたのは、セ・リーグのほうが野球が『細かい』ということでしたね」

当時の近藤さんは、「パ・リーグは力勝負、セ・リーグは技勝負」という印象を抱いたそうだ。パ・リーグで「真ん中に投げるから打ってみろ」というスタイルだった近藤さんは、セ・リーグに同じタイプの投手がいなかったことが功を奏したと考えているという。「細かいコントロールで外の出し入れ、内の出し入れをしなさいと指導されましたが、自分にそのコントロール力はなかった。それがかえってよかったのかもしれません」と振り返っている。

今後の活動についてもうかがった。

「今までずっと、ユニフォームを着てプレーしてきました。**ユニフォームを脱いだ今、何が正しいのかはまだわかっておらず、勉強している最中です**」と、近藤さんはあくまで謙虚だ。

高校の先輩である私からすると、近藤さんは何歳になっても夢見る少年だ。今後も頑張ってほしいと願っている。

エピソード７

資金200万、職なし、コネなしの23歳が単身ニューヨークへ。偶然に身をゆだねた結果、今がある

――Gift Your Life株式会社 東京中央支社 支社長

森本 貴子さん

甲南女子大学短期大学部英語学科を卒業し、23歳でNYへ単身渡米。NYではPwCクーパース（プライスウォーターハウス）の役員秘書、米国人弁護士秘書、インディカーレースマネジメントなどを経験し、7年滞在後帰国。2020年に処女作『一生困らない自由を手に入れるお金の教室』（大和書房）を出版し、各書店でベストセラーランキングに入る。現在はマネーセミナー講師として活躍。

何かを成し遂げようという
気持ちがなければ、
世間のどこへ行っても頭角を現せない。

——デール・カーネギー（作家、教師・1888-1955年）

お金の話はワインを飲みながら

ファイナンシャルプランナーでありマネーセミナー講師として人気の高い森本貴子さんには、3冊の著書がある。

1冊目は、1万部超えのベストセラーとなっている『一生困らない自由を手に入れるお金の教室』(大和書房、2020年)。

2冊目は、6名の女性ファイナンシャルプランナー集団「Gift Your Life ファイナンシャルプランナー女子部」の一員として執筆した『この1冊で不安・疑問がほとんど消える女子のお金大全』(すばる舎、2022年)だ。

そして新刊である3冊目は、『新NISA+iDeCo+ふるさと納税のはじめ方』(ワン・パブリッシング、2023年)だ。

3冊目の特徴は、**マンガと会話形式で、マネー知識に自信のない人でも楽しく読み進められること。**書籍の帯にも3コマのマンガが掲載されており、書店のマネー本コーナーでもひときわ目を引く存在だ。マンガの1コマ目は、「新NISAのこと、知りたい？」と笑顔で問いかける森本さんに対して、2人の男性が「わかりやすくおしえてくださーい！」と答えている。3人の手にはワインがある。

マンガを取り入れた理由として、森本さんは次のように語ってくれた。

「お金の勉強というと、堅い、難しいというイメージではないでしょうか。そうしたイメージを払拭し、多くの人に手に取ってもらうには、マンガがカギになると考えました。出版社には反対されましたが、どうしても譲れないポイントだったので、なんとかお願いしました。あまり日本では見かけない光景ですが、本当は帯のマンガのように、ワインを飲みながらお金の話をしてほしいんですよね。

また最近、新NISAは大きな注目を集めています。これからたくさんの書籍が発売されるでしょう。そんな中で、私の本を手に取ってもらうには、やっぱり表紙のインパクトが大切。読者の目を引き、ハードルを下げるために、本文だけではなく、表紙の帯にもマンガを盛り込んでもらいました」

日本には、「お金の話はしたない」という雰囲気が根強くある。そうしたタブーを壊して、ワイン片手に「どんな投資をしているの?」「ふるさと納税って楽しいよね」といった話をしてほしいと森本さんは言う。

「お金は毎日使うものですし、生きていくうえで絶対に必要ですよね。そんなお金の話をもっと楽しんでもらいたいし、『おトクな話なら聞きたい』と前のめりになってもらいたいんです」

森本さん自身は、現在の職業に就く前から、お金を殖やすことには関心があるほうだった。

20代から長くニューヨークに住み、同僚や友人たちと当たり前のように投資の話をするアメリカ人たちの姿を見ていたからだ。

家族の影響もある。森本さんの両親は、毎朝株をチェックするのが習慣だった。

「市場の動きを見てあれこれ議論する両親に影響を受けて、株式投資は早くから始めていました。両親からは『儲からないからやめなさい』と助言されましたが、禁止されるとかえって魅力的に見えるものですよね（笑）」と振り返っている。

どうしてもアメリカに行かなければならない

海外に興味を持ったきっかけ

森本さんは23歳で単身ニューヨークに渡った。

まわりからは突然の渡米に見えたが、森本さんにとっては必然だったようだ。森本さんはもともと海外に興味を持っていた。**父親が伊丹空港勤務の整備士で、その仕事についていって「外国の人」を目の当たりにしたのが、そのきっかけだった。**

「私が小さい頃、伊丹空港は国際空港でした。空港では英語のアナウンスが流れていて、外国の方がかわいがってくれることもよくあって……。そんな場に身を置く中で、『どうして外国の人とは髪の色や目の色が違うんだろう？』と興味を抱くようになりました」

日本と海外の違いに関心を抱いた森本さんは、高校生になると、両親に「どうしても留学させてほしい」と頼んだ。

念願かなって留学した先はニューヨーク。夏休みを使った2カ月間の短期留学ではあったが、**その自由な雰囲気に衝撃を受けるとともに「私、ここが大好き！」と感じた。**

満員電車の中で決意したこと

当時、女性の幸せといえば「短大を卒業して一流企業に一般職として勤務し、寿退社する」というものだった。そして当然、森本さんの両親もそのような価値観を持っていた。

「大阪出身の私は、地元関西の女子短大に入学し、英語科を卒業。その後は一流企業に入社しました。ここまでは良かったんです」と、森本さんは笑いながら振り返っている。

「女性の幸せ定番ルート」から外れようと決意したのは、入社1年目のことだった。通勤に使っていた御堂筋線（梅田駅、難波駅、天王寺駅など、大阪の主要駅を結ぶ地下鉄線）

で、満員電車に揺られながら、「私はやっぱりアメリカに行く」という気持ちが湧いてきたのだ。

当時の森本さんは20歳。

両親からは絶対に反対されるとわかっていたので、何も言わず、貯金を始めた。「石の上にも3年。仕事も最低、3年は続けなさい」と言われていたので、3年勤めた後に「アメリカに行ってきます」と宣言した。

両親は激怒、そして号泣だった。

当時の日本はバブル絶頂の時代で、一方のアメリカの経済はあまり良い状況とは言えなかった。そうした背景もあり、両親は森本さんの決意が理解できず、「日本にいるほうがいいじゃないか」「私達（両親）の何が不満なの？」と言われた。

そんな両親に対して「不満はありません、むしろ大満足です。だけど、私はどうしてもアメリカに行かなきゃいけないんです」と言って、反対を押し切ってアメリカに渡ることにした。目的地はあこがれのニューヨークだ。

あこがれのアメリカへ

初めてのひとり暮らし、さまざまな職種を経験

社会人4年目、若くしてアメリカに渡った森本さん。ただ、**渡航するとき、現地での仕事が決まっていたわけでも、親しい友人がいたわけでもなかった**というから、その度胸に驚くばかりだ。

「事前にあれこれ計画できないタイプなんです。英語科だったので、英語は一応できましたが、今思うと仕事で使えるレベルではありませんでした」

とはいえ、目的がないとビザは取得できないため、まず学校に通うことにしていた。ワシントンD.C.にある、ジョージタウン大学だ。その後はニューヨークで秘書養成学校に行くと決めていた。

アメリカに渡って最も驚いたのは、お金のことだった。

アメリカに行くことを目標として、森本さんは200万円を貯めていた。そのことについて森本さんは「当時の私にしてはものすごい大金でした。当時はバブル期で、ボーナスをたくさんもらえたので、この金額を貯められました」と言う。

とはいえ、当時の森本さんは実家暮らしのお嬢さま。両親に家賃や生活費を支払っていたわけでもない。アメリカで初めてのひとり暮らしをスタートしたときは、**「家賃ってこんなにかかるの？　電気代？？　電気にもお金払うの？？」**というレベルだったそうだ。家賃に光熱費、食費などを支払っていると、あっという間にお金が減ってしまう。それが当時の森本さんにとって一番の驚きだった。

森本さんが渡米したのは1991年。2つの学校に通った後、1994年には秘書として弁護士事務所に職を得た。現地に駐在している日本人と結婚したこともあるという。

その他、たくさんの仕事を経験した。

プライスウォーターハウスクーパースの公認会計士事務所の役員秘書、アメリカ人の弁護士秘書などに加え、雑誌『25ans（ヴァンサンカン）』の編集部から依頼されてニューヨークのレストランの現地レポーターとして活動したり、週刊誌編集部からの頼みで、ミュージシャンのインタビューをしたり。わずか2年ほどの間に、異国の地でさまざまな才能を発揮したのだった。

未知のカーレース業界へ

弁護士秘書の仕事をした後、まったく畑違いの業界に飛び込むこととなった。カーレース業界だ。

きっかけは、弁護士秘書をしていた際、カーレース会社のクライアントの担当者に「事務を担当してくれる方を探しているのですが、森本さん、やってくれませんか？」と声をかけられたことだ。森本さんにカーレースの知識などまったくない。普通であれば「カーレースのファンでもありませんし、弁護士秘書という立派な仕事があるので」と断るところだろうが、森本さんはすぐに「やってみます」と答えた。

森本さんは当時のことを「あまり考えていないというか……無謀ですよね。**やってくる**

ものには必ず意味があると考えているので、まずはやってみる。やってみて嫌ならやめればいい、という考えなんです。じっくり考えて結論を出すのではなく、まずはチャンスに飛び込んでみるタイプです」と振り返っている。

その出会いが縁で、日本人初のインディカー・レーサー、ヒロ松下さんのマネジメント事務所にて、事務を担当することとなった。

カーレース業界に入ってしばらく経った頃、森本さんは「チーム郷」の郷さんに出会う。彼から、インディ500レース、F-1モナコグランプリとともに世界三大レースに数えられる「ル・マン24時間耐久レース」の魅力を熱弁され、「一緒にやらない?」と声をかけられた森本さんは、チーム郷への加入を決めた。日本に帰国し、東京とル・マン（パリから200キロメートルほど離れたフランスの地方都市）を行き来する生活の始まりだ。

チームオーナーの夢は優勝。折に触れて「優勝したらチームを解散する」と宣言していた。だけど常識的に考えて、世界三大レースで個人チームが優勝するなんてかなり難しい、本当に達成できるのかな?と思っていた。ところがその弱小チームが世界のトップに立ったのだ。

２００４年に優勝を勝ち取る。**歴史に名を残す勝利で、森本さんは「夢のようだ」と感じたそうだ。**

ファイナンシャルプランナーの道へ

オーナーが常々言っていたとおり、優勝の後、チームは解散することとなる。「向かなければやめたらいい」という軽い気持ちで飛び込んだカーレース業界だが、結局、10年ほど身を置いていた。

30代だった森本さんのもとにも、まとまった額の退職金が振り込まれた。オーナーからは「きちんと資産運用するなり、これを頭金にしてマンションを買うなりして、有効に使いなさいね」とアドバイスされたが、「考えるより即行動」派の森本さんは、**しばらく定職に就かず、退職金をすべて使い果たしてしまった**のだった。さらに友人から勧められた海外の投資商品に投資をして資産を失ってしまったという。

アメリカに渡ったときのように、職もお金もない状態に戻った森本さん。「パンが好きだから、パン屋さんでアルバイトでもしようかな」と考えていたところ、あるファイナンシャルプランナーに出会い、**「一文無しになってしまったなんて、これからどうやって生きていくんですか！　まずはファイナンシャルプランナーを目指して、お金の勉強をしたらどうですか？」**と喝を入れてもらい、40歳でこの業界に入った。そして現在に至るというわけだ。

森本さんは、まったくの門外漢ながら、声をかけられてカーレース業界に入った。その後、お金の世界に飛び込んだのも、ファイナンシャルプランナーの後押しによるものだ。なぜ彼らは森本さんに声をかけたのか？　そう問うと、森本さんは次のように答えた。

「わからないんですよ。本当に不思議に思っています。郷さんに声をかけられたときも、『私はフランスのこともル・マンのことも車のことも知らないんですが』と言ったんですが、『それでもいいから、ぜひぜひ』と熱心に誘ってくださったことをよく覚えています。**私はやりたいことがたくさんあるタイプではないので、常に人に助けられてきたんですよね。**必要としてもらえることなんてめったにないから、相手の期待にはできるだけ応えたいと思っています」

この答えに、森本さんのお人柄が表れているように思う。「人に助けられている」という言葉が自然と出てくるような人だから、まわりに愛され、どの業界でも成功を手にしているのだろう。

エピソード8

履歴書の3割が嘘？人材トラブルを防ぐ「企業の探偵」という仕事

——株式会社企業サービス 代表取締役

吉本 哲雄さん

1967年生まれ。大阪市天王寺区出身。1993年、25歳で株式会社企業サービスに入社し、調査員として延べ13万件以上の案件に携わる。2013年4月、代表取締役に就任。社員の幸せを第一に経営を続け、全従業員が「月曜日が待ち遠しい」と感じる会社にすべく、日々情熱を注いでいる。企業サービスの創業者、松谷廣信氏は恩人であり師匠。座右の銘は「これでいいのだ」。

あなたの才能ではなく、
あなたの態度が、
あなたの到達点を決めるのだ。

――ジグ・ジグラー（作家、モチベーショナル・スピーカー・１９２６−２０１２年）

履歴書を鵜呑みにするのは危険

「企業専門の探偵」という仕事

吉本哲雄さんが代表を務める株式会社企業サービスは、企業をクライアントとするBtoBの調査会社だ。人事関連の調査に特化した、いわば「企業専門の探偵」である。耳馴染みのないサービスだと思う人もいるだろう。吉本さんに、調査会社が必要とされるシーンを教えてもらった。

「人材を採用するとき。書類選考にはじまり、一次面接、二次面接……と面接を重ねていって良い人材だけを残し、最終面接で採用可否を判断しますよね。書類選考はもちろん、面接の段階でも必ず履歴書を確認するはずです。履歴書に書かれている内容と、面接で見た人となりなどから総合的に判断して、『この人は良さそうだ』と決めるのではないでしょうか。

しかし、**履歴書を鵜呑みにするのはとても危険です。**学歴や職歴を偽る人がいたり、自分にとってマイナスになる事柄や職歴を隠す人がいたり……。不採用になるようなことをわざわざ書く人はほとんどいないですから。

それなのに、採用担当者は、履歴書をすっかり信じ込んでしまう。企業の採用活動の目的は、自社にふさわしい、自社で活躍してくれる人材を見つけることなのに……。会社に害をなす人材やマッチしない人材を採用してしまうと、会社が大きな損害を被ることになりかねません」

履歴書の3割近くが嘘？

どのように求職者の「嘘」を暴いていくのか。吉本さんに尋ねると「調査方法は企業秘密です。うちは44年間、この仕事一筋ですので、いろいろなノウハウがあるのですよ」と笑った。

驚くべきことに、吉本さんの経験上、**履歴書の3割ほどに嘘が隠れている**という。最終面接まで残るような優秀な人材であっても、企業サービス社が丹念に調査するとマイナス要素が見つかったり、過去のトラブルが露呈したりするそうだ。

「履歴書に嘘を含むネガティブな要素が見つかる割合は3割ほどで、この数字は私が業界に入って以降31年間、まったく変わりませんね。

この割合は全業種・全世代、すべての属性の平均値です。**40代~50代が多い職種なら、50%を超えることも珍しくありません。**一方、20代が中心の職種であれば少なくなります。そういったものをすべてならすと3割ほどになるということです」

履歴書の嘘やネガティブなことが判明した場合、採用を検討している企業はどのように対応するのか。

「不採用という結論に至る場合が多いです。隠しごとをされていた時点で、信用がなくなりますから。『前職を退職した理由は、社長と喧嘩したからです』などと、正直に打ち明けてくれれば検討の余地もありますが……。友だち関係と同じで、やはり嘘つきは嫌われます」

あなたの周りにもいる「詐欺師」たち

採用トラブルは「調査」で防げる

吉本さんに「これまで取り扱った案件について聞かせてください」と尋ねるも「ほとんど言えません」とかわされてしまったが、次のように語り始めた。

「従業員が悪行を働いて新聞に載るような事件は、有名企業や大企業、学校の先生などが被疑者だった場合です。でも実際に起こっている事件のほとんどは中小零細企業のもの。つまり、松本さんたちが知らないだけで、世間ではたくさんの事件が起こっているのです」

従業員による犯罪が報道されるたび、企業サービス社では「この会社は今ごろ大変だろうね。うちで事前に調査をしていたら、巻き込まれずに済んだのに」という話になるという。**「人の問題は、どんな企業でも必ず起こります。でも、事前に採用候補者のバックグラウンドをチェックしていたら、変なダメージを受けなくて済むでしょう」**と吉本さんは語る。

「具体的なことは言えませんが」と前置きしたうえで、吉本さんは次のようなエピソードを話してくれた。

「世の中には詐欺師とでもいうべき人がいるのです。当社のクライアントは中小零細企業から大企業までさまざまですが、これまで、同じ人が当社のクライアント3社に応募してきたことがありました。その人は前職で年収1500万円だったと言って面接を受け、それに見合う給与を提示されて入社しましたが、調査結果ではその年収が真っ赤な嘘でした。入社してすぐ、あまりに仕事ができないことによって疑いを抱かれ、私たちに調査を依頼されて、嘘が露呈しました。

こんなふうに『**好条件で入社してしまえばこっちのもの。法律上、すぐに解雇はできないはず**』と悪意を持って入社し、居づらくなったらまた同じように転職……と、いろいろな企業を渡り歩いている詐欺師は存在します。こういう人は学歴も嘘のことが多いですね」

対象者の言ってることが正しいかどうかを確認する

では、具体的にどのように調査を進めているのか。

吉本さんによると「職歴を**最低でも3社または10年分をさかのぼって、素人では絶対にわからない範囲まで調べます。**こうして人物像を浮き彫りにして報告するのが、私たちの仕事です」ということだった。

なお、企業サービス社の調査は迅速だ。

最初のコンタクトは公式Webサイトの問い合わせフォームから。速ければ5分以内の対応で契約を結び、さっそく調査に着手する。

採用調査の場合、依頼から報告書の受け取りまではたったの4営業日だ。月曜日に依頼すれば、木曜日には口頭で速報を受け、さらに翌日には書面でのレポートを受け取れるという。「ここまでスピード対応できるのはうちだけです」と吉本さんは自信をにじませた。

しかも本人の履歴書を渡すとともに、簡単なヒアリングを受けるだけで発注できるというから驚きだ。なお、一人あたりの調査費用は、諸経費込みで5万円位が大半だという。

社員全員が「月曜日が待ち遠しくなる」会社にする

20社以上を転々としてきた理由

吉本さんは企業サービス社の二代目だ。11年ほど前（2013年）に代表取締役社長に就任した。

25歳で企業サービス社に入社するまで、20社を超える職場を転々としてきたという。

「私の職歴は、履歴書のフォーマットには収まりきらないほど長いです。企業サービスの選考を受けた際も、かなり省略しましたね。相手はプロですから、私の経歴は徹底的に調査されたはずですが、不思議と何も言われず採用されました。私のほうが上手（うわて）だったのかもしれません（笑）」

2番目に長く続いた仕事は小学6年生の頃に始めた新聞配達で2年間続けたそうだ。最も短い仕事はわずか2時間で、1週間続けば長いほうだったという。

そんな吉本さんが今、企業専門の探偵という仕事を長く続けているのはなぜか。その背景には、職を転々としていた深い理由があった。

「企業サービス社に入社するまで多くの職場を転々としてきた期間は、自分の好きなことと師匠（企業サービス創業者の松谷廣信氏）に出会うための『旅』だったのです」

これまでいろいろな職を経験してきて、企業サービス社に入社した際も「ここを辞めるか続けるか、3日で決めよう」と考えていたそうだ。その結果「ここにずっといると決めてから、気がラクになりました。未経験でしたが、創業者から直々に指導を受け、気づけば30年以上この仕事一筋です」と吉本さんは言う。

先代がこのサービスを始めた理由についてもうかがった。

「会社は人でできていますから、変な人や有害な人が入社すると、情報漏洩、金銭的な不正、対人関係の崩壊といったさまざまなトラブルが引き起こされて、経営が傾くばかりか、場合によっては倒産にまで追い込まれることもあります。そうした悲しいトラブルを少しでも減らすために当社を設立したと聞いています」

従業員たちを守るためにも、採用候補者の調査を

企業サービス社の調査には月額顧問料は必要ない。必要が生じたときに、一人分から依頼できるというから便利だ。企業がM&Aを検討した際に相手企業を調査する仕事も請け負っていたり、反社会的勢力や犯罪者についても独自のデータベースによって調査できたりと幅広く、本物のプロフェッショナルである。

吉本さんに、企業調査の意義について質問した。

「『相手のことを調べるなんて』と気が引ける人もいるかもしれませんが、調査は決してネガティブなものではありません。**採用候補者が自社にふさわしい人材なのかどうか判断する材料を一つ増やす**と考えてみていただくといいと思います。

企業規模にかかわらず、人を採用するのは億単位の投資です。一度採用すると、簡単に辞めてもらうことはできません。その人が活躍しないまま5年、10年と経ってしまうと、

会社にとって大きな負担となります。
その人の本当の経歴を知っておくだけで、採用はずいぶん違ったものになってくるはず。ともに働く大切な従業員たちを守るためにも、バックグラウンドチェックがもっとポピュラーなものになることを願っています」

「お客さまに尽くす会社」より「社員の幸せを一番に考える会社」に

「『お客さまのために尽くします』という経営者もいるけれど、私は、**社員全員が『月曜日が待ち遠しくなる』会社にすることを目指しています。**創業者と一緒に少しずつ取り組んできて、最近はこの状態が実現しつつあるかなと思っています」と語る吉本さん。

具体的には、**従業員がアイデアを出したら、それを否定せず、とりあえずやらせてみる**というスタンスを貫いているそうだ。このスタンスを徹底していると、徐々に従業員たちが自ら考えて、率先して行動するようになるという。

「何もやらなければミスや失敗は起こりません。でも、アクションすると必ず結果が出ますから。失敗してもいいからアクションを起こすことをこれからも奨励していきます」

従業員の方の話題が出てはじめて気づいたことがある。

それは、これまで吉本さんと十数年にわたってお付き合いしてきたにもかかわらず、企業サービス社の従業員にお会いしたことが一度もない、ということだ。仕事柄、むやみに顔を出さないようにしているのだろう。ここにもプロフェッショナリズムを感じる。

BtoBの調査会社は日本にわずか数社しか存在しないそうだ。ユニークかつ高いクオリティのサービスで多くの日本企業を救っている企業サービス社を、これからも応援し続けたいとあらためて感じた。

エピソード９

独立して7年、解約件数はゼロ。常に自己投資を欠かさない

——株式会社Rady Bug 代表取締役

藤本 卓也さん

これまでプロの人材教育コンサルタントとして21年活動。起業後は上場企業をはじめ、業界No.1企業やベンチャー企業など60社の顧問を担当。またプロスポーツ選手、ドクター、芸能人、医師、弁護士など専門職のコーチングも行い、エグゼクティブコーチング、ビジネスコーチ、コンサルタントとして活動している。その他プロのコーチ、コンサルタントの育成にも力を注いでいる。M&メディカルリハ株式会社上席執行役員も務める。

常に継続してやっていれば、
素晴らしいことができるようになる。

――ジョージ・ワシントン（初代アメリカ大統領・1732－1799年）

「落ち込んでいるけど、どうすればいい？」に応える

クライアントはスポーツ選手や芸能人

藤本卓也さんが経営する株式会社ＲａｄｙＢｕｇは企業のコーチングやコンサルティングを請け負う企業だ。藤本さんはＲａｄｙＢｕｇの代表として、経営者、医師やスポーツ選手、芸能人などといった専門職に就く人たちのビジネスコーチを務めている。

「クライアントからの『業績が落ち込んでいるけれど、どのように捉えたらいい？』といったご相談にお応えしています。**物事の考え方や意思決定の仕方、人との向き合い方についてご相談いただき、クライアントと一緒に考えて解決策を導いていく仕事です**」

そんな藤本さんのコーチングのベースは、長く所属していた人材教育コンサルティング会社、アチーブメント株式会社で学んだものだという。

「青木仁志社長のもとで、選択理論心理学や成功哲学など、目には見えない、アチーブメントならではの原理原則に基づいた判断基準を学びました」と藤本さんは語る。

現在は58社のクライアントを抱えており、独立してからの7年ほどで、なんとクライアントの入れ替わりはゼロ。次々にお客さまが増えていっているというから驚きだ。

成功の秘訣は「自己投資」にあり

経営者ならではの「健全な責任感」

アチーブメントから独立したのは、経済的にも精神的にも人脈的にも高いレベルの人たちに囲まれていたことから、自分もそういった人たちに肩を並べられるようにチャレンジしたいと感じたことがきっかけだそうだ。

そんな藤本さんに、独立前後の違いをうかがった。

「会社員だった頃は、いい意味ですべて会社に守られていたと感じました。一方、独立すると、すべて自分の責任になります。仕事はもちろん、たとえプライベートでトラブルがあったとしても、それが仕事に影響して、責任をとらなければならなくなることもあるでしょう。自分のちょっとした気のゆるみにより、クライアントが去ってしまうかもしれない――そのことを常に心に留めて行動するようになりました」

公私ともに、経営者としての責任感を覚える日々。大変ではないですかと尋ねると、藤本さんは**「健全な責任感を日々覚えながら生活できることの心地よさを感じています」**と笑った。

ユニークな社名の由来

RadyBugというユニークな社名の由来についてもうかがった。

「レディバグとは、英語でテントウムシという意味です。本当なら、テントウムシのスペルは"ladybug"。頭文字はLです。ですが社名では、あえて頭文字をRにしました」

なぜLではなくRを選んだのか。そこには藤本さんの熱い想いが詰まっていた。

「テントウムシは、ヨーロッパでは、縁起のいいモチーフだそうです。それは、テントウムシが、天に向かって飛び立つから。レディバグという社名には、ヒト・モノ・カネを向上させる、高みにのぼらせていく存在になりたいという願いを込めました。あえてRを選んだのは、リソース（resource：資源）を高められるようなコーチになりたいという想いからです」

自分の時間を最優先で確保する

コーチングのプロである藤本さんは、「その人が成功する人かどうかは、10分話せばわかる」と言う。見きわめポイントは「その人がどの程度、強い願望を抱いているか」。**「こうなりたい」「こんな未来を実現したい」と求める願望が強ければ強いほど、エネルギーが生まれる**という。加えて、時間とお金の使い方や、目に見えないものの力をどれくらい信じているかによって、成功の確率が変わるそうだ。

そんな藤本さんは、コーチでありながら、自身もコーチングや研修を積極的に受け、読書もするなど、自己研鑽を怠らない。

「テーマは『セルフレスキューファースト』、まず何より自分を大切にすることです。セミナー受講やゴルフ、体のメンテナンスなど、**自分にとって大事な時間を、他の誰かとの予定よりも先にスケジュールに入れて、優先的に確保すること。**そして、残った時間で成果を出すという考え方です」

一流コーチとして活躍し続ける藤本さんの秘密を垣間見たような気がした。

まだまだ一般的でない「コーチング」

客観的な意見をもらえれば、より効率的に成長できる

日本では、まだまだコーチングを受けるという文化が定着していないように思う。その点を藤本さんにうかがってみると、「たとえばアメリカに比べると、5分の1ほどしか、コーチングを受けることの重要性が認識されていないように思います」と答えてくれた。日本でも、スポーツを学ぶ際にコーチをつけるのは一般的だろう。アメリカではそれと同じように、ビジネスをより発展させるためにコーチをつけたり、自分のライフワークに対してコーチをつけたりするのが一般的だそうだ。

じつは、私自身も藤本さんのコーチングを受けている。

スポーツや書道などを習得したいとなると、当たり前のように先生について学ぶのに、一番大事な「ビジネスの発展」や「自分自身の研鑽」にコーチがつかないのはもったいないと感じる。

コーチングを受けることで、自分を客観視する機会が生まれ、成長の速度が上がったと感じた。**より正しく、より効率的に、より良き道を歩んでいくためには、客観的な意見をもらう必要があるのだ。**

コーチングを受けているというと、「それって、コーチからアドバイスをもらうのでしょう？『どうしてそんなこと言うの？』とムッとしたり、『それは自分のやりたいことじゃない』と反発したりすることはないのですか？」と聞かれることがある。

私の回答は「ほとんどない」だ。たしかに意見が合わないことはあるものの、コーチの助言や提案を受け入れることが成功への最短ルートだと理解している。

「どうしてそんなこと言うの？」とムッとしたり、「それは自分のやりたいことじゃない」と反発したりする人の気持ちも、わからないではない。だが、その態度は、コーチングを受ける人としてあまり賢いものではないと思う。コーチに教えを求めると決めたのであれば、感情は脇に置き、「ゴールに向かうにあたってより効果的であるかどうか」「より重要な選択であるかどうか」にフォーカスすべきなのだ。

コーチングにおける「アドバイス」のコツ

とはいえ、コーチのアドバイスを受け入れにくい人も多くいるだろう。そんなとき、藤本さんはどのように対応するのか。

アドバイスのコツは、**自分の意見の正しさを押し通すのではなく、アドバイスの根拠を論理的に伝えること**だという。

Aという選択肢とBという選択肢があり、相手はAを望んでいるが、藤本さんはBを推したいとしよう。そんなときは「A案にはこんなリスクが考えられます。なぜなら……」と論理的にリスクとその根拠を伝えつつ、B案という可能性をあわせて伝え、相手に判断してもらうそうだ。

なお、最終的に相手がA案を選んだ場合には、結果的にうまくいかないことが予想される。そんな事態に備えて、**より早く、より効果的に軌道修正の手を差し伸べられるよう、先の先まで考えて行動している**という。

人生は「原理原則」で変わる

知識を得れば、信念が変わり、行動が変わり、習慣が変わり、人生が変わる

プロのコーチとして活躍する藤本さんに、人生をより良くするためのアドバイスを求めると、**「原理原則を学ぶこと」**という回答が返ってきた。

「たとえばプラモデルには取扱説明書があります。一方、まわりの人と良好な人間関係を築いたり、自分を好きになったり、モチベーション高く仕事にまい進したり、お金を稼いだり、会社経営で成功したりするための説明書は存在しません。

そんなときに必要なのは目に見えない原理原則、つまり知識です。良好な人間関係を築くための知識、自分を好きになるための知識、仕事のモチベーションを上げるための知識、お金を稼ぐための知識、会社経営の知識……**成し遂げたい目的に対して、それを達成するための知識を得ることで、僕たちの信念は変わります。**信じているものが変わると、その人の考えが形成されて、行動が生まれ、その行動が習慣化され、夢が現実になります」

では、原理原則をどのように学べばいいのか。

「上質な情報に触れることです。もちろんコーチングが一番おすすめではありますが、読書もいいでしょう。

特におすすめしたいのは、『完訳 7つの習慣』（スティーブン・R・コヴィー著、キングベアー出版）。全世界3000万部、日本国内220万部を超える世界的大ベストセラーで、原理原則を7つの習慣という形でわかりやすく提示してくれています。人間は習慣によって作られますから、この本を読んで習慣に関する原理原則を知り、その範囲を仕事やお金、人間関係などへと広げていくのがいいと思います」

また藤本さんは、知識を得るためには願望が大事だと語る。

「僕の場合、将棋をうまく打ってくださいと言われても、将棋の知識がないから打てません。将棋の知識がないのは、『将棋がうまくなりたい』という願望を抱いていないからです。『将棋がうまくなりたい』と願っていれば、将棋のルールを学び、勝ち方を学んで、練習を重ねるでしょう。人生も同じです。**人間は願望がないと動き出せない**のです」

心の声に耳を澄ませ、行動に移す

藤本さんの言葉を借りると、コーチングは「流れに乗っている人たちに対して、その流れをさらに良いものにしてあげる仕事」だ。コーチでありながら他の人のコーチングを受けているという藤本さんは、**「自分の考えや迷いをアウトプットしてコーチに伝えることで、違う視点をもらえて、頭の中を整理できるので、頭の柔軟性が上がるような感覚があります」と語る。**

これには私もまったく同感だ。藤本さんと定期的にミーティングをし、話をするだけで、新たな助言がもらえるだけでなく、不思議と頭がすっきり整理されるのである。やはり、自分のことを客観的に見てくれる人の存在は重要なのだ。

最後に藤本さんは、「『自分はどうなりたいのか』『本当は何を成し遂げたいのか』など、知らず知らずの間にシャッターを閉めてしまっている、自分の心の声を聴いてみてほしい。本当の願望が見つかったら、ひたすら原理原則を学んで、まずは行動に移してみていただくと、成功に近づけると思います」とアドバイスしてくれた。

エピソード10

蒔かない種は咲かない。積極的な学びと交流によって事業を育ててきた

――KTオフィス 代表

岸田 憲一さん

1972年生まれ。大阪出身。KTオフィスグループ、株式会社岸田総合事務所、グループ代表として、1975年に創業した土地家屋調査士・司法書士・測量士の登記測量分野におけるワンストップサービスを提供するグループ3社を統括。社員50名の規模は業界ではトップレベル。自身は2代目で33歳に事業を継承。大手法人案件に特化した戦略を中心に展開。お客様に「安心」「信頼」の提供を通じ、人に喜ばれ、人が幸せに働ける事務所を目指している。

他人と比較して、
他人が自分より優れていたとしても、
それは恥ではない。
しかし、去年の自分より今年の自分が
優れていないのは立派な恥だ。

――ジョン・ラボック（銀行家、政治家、生物学者、考古学者・1834－1913年）

「奇跡の縁」のはじまり

講演をきっかけに知り合う

ＫＴオフィスの代表、岸田憲一さんと出会ったのは２０１８年のことだ。「大阪地主の会」という参加者２００人ほどの会で、私の講演を聴いてくれたことが出会いのきっかけとなった。岸田さんが、その講演について振り返ってくれた。

「参加者２００人ほどの大きな講演会でしたが、会場は満員。僕は一番後ろの席に座りました。松本さんのお話は本当にすばらしく、講演終了後に名刺をお渡しして少し話したいと思って松本さんのところへ急いだのですが、あっという間に長蛇の列ができてしまい、泣く泣くあきらめました」

その後、講演に参加してくださった方々に私から個別相談会の案内メールを送ったところ、すぐに申し込んでくださったのが岸田さんだった。

「なんとかお会いできないかなと思っていたので、案内を受け取って一番に申し込みました。ただ、講演ですばらしいお話を聴かせていただいたお礼だけでもしたい、松本さんはお忙しいだろうから5分、10分で失礼しようと思っていたのに、なんと30分もお時間をいただいてしまったのです。お話ししているうちに、共通の知り合いがいることがわかったり、野球好きという共通点も見つかったりして、もう一度お会いしようということに。**今でも奇跡のご縁だったと思っています**」

正直なところ、岸田さんから個別相談会のお申し込みをいただいたときは驚いた。お申し込み内容をもとにホームページを拝見したところ、すごい人だということがすぐにわかったからだ。「すばらしい会社のボスがいらっしゃるのだ」「地元のプロが講演会の内容に文句を言いに来るのでは」という思いが頭をよぎったほどだ。

複雑で難しいものを取り扱う仕事

そんな岸田さんとは、お会いしてわずか半年で、アメリカで一緒にゴルフを楽しむ仲となっていた。今ではビジネスパートナーとして情報交換するなど、親しくお付き合いさせてもらっている。

「講演で印象的だったのは、『あり方』のお話をされていたことです。『不動産で利益を出す』ではなく『不動産をどう活用して、どう人を幸せにするか』という切り口で、松本さんご自身が地主だった頃のお話や、大変なところから立ち上がってきたお話など、なぜその道を選ぶのか、何のために行動するのかを話してくださり、とても感銘を受けました」

岸田さんの会社、ＫＴオフィスは土地家屋調査士と司法書士のダブルライセンスの事務所で、登記と測量のスペシャリスト集団だ。事務所を引き継いで22年経つという。別の会社を退職しＫＴに入社した当初、17人ほどだった従業員は、今や50人を超える規模になっている。

その業務内容について、岸田さんは**「コンサル機能を持ち、顧客にとって複雑で難しいものを取り扱う仕事」**と表現する。働きやすく成果を出せる会社をどうつくるか、どのように経営するか、マーケットをどう見るか、どんなサービスをどんなスピード感で実現し、どんな価格で提供するか、などを考えて提案する仕事をしているという。

知られざる「土地家屋調査士」という仕事

大規模戸建分譲、タワーマンション、物流倉庫、ホテル、街の再開発など、スケールの大きい仕事に携わる

岸田さんが従事されている「土地家屋調査士」という職業について、あまりご存じない人も多いだろう。

日本土地家屋調査士会連合会の公式Ｗｅｂサイトによると、土地家屋調査士の仕事は主に次の５種類によって成り立っている。

①不動産の表示に関する登記につき必要な土地又は家屋に関する調査及び測量をすること

②不動産の表示に関する登記の申請手続について代理すること
③不動産の表示に関する登記に関する審査請求の手続について代理すること
④筆界特定の手続について代理すること
⑤土地の筆界が明らかでないことを原因とする民事に関する紛争に係る民間紛争解決手続について代理すること

岸田さんは土地家屋調査士の仕事について、次のように解説してくれた。

「土地を売買するとき、その価格設定は1平米あたりの価格によって決まります。**土地家屋調査士は、土地の面積を測量したり、近隣の土地所有者と協議して土地の境界を決めたりして行政に申請する仕事です。**建物を新築した際には、建物の形状や面積、種類を法律に基づいて法務局に登記するのも大切な仕事の一つです」

また岸田さんは、ご自身の仕事について「一般の人は接する機会が少ない職種ですが、新しい建物ができるときには必ず求められる作業を担当する、黒子の仕事です」と表現している。

岸田さんはこれまで、関西国際空港の建物登記や大規模戸建分譲事業、物流倉庫、タワーマンション、五つ星ホテルの開発などの登記にかかわってきた。会社の代表として、すべての現場に足を運ぶわけではないそうだが、**「答えは現地にある」と考えており、大きな投資を伴うことになるため、人々のパッションに向き合いたい**という理由もあって、大きな現場や特に重要な現場は必ず自分の目で見るようにしているそうだ。

現在は、沖縄の大型ホテル開発や社会問題となりつつある老朽化マンションの建替、街の再開発にも携わっているという。行政とタッグを組むプロジェクトも多いそうだ。

測量が難しい土地の特徴

さまざまな土地を測量した経験のある岸田さん。**空港など、広大な土地を測量するにはどれくらいの時間がかかるのかと質問すると、3〜4日だと教えてくれた。**想像よりもスピーディーな仕事に驚きだ。

また、難しい案件をうかがうと、次のような答えが返ってきた。

「土地が真四角でなかったり、何らかの障害物があったりすると、あらゆるテクニックを駆使しても、測量に時間を要することになります。また、土地家屋調査士がその土地に入れない場合には、3Dデータを使うことも。**それと、一番難しいのは、隣の土地との境界をはっきりさせることです。近隣の人との交渉事はやはり大変ですね**」

会社を成長させるために取り組んだこと

淀屋橋事務所での挑戦

岸田さんは20代後半で家業を引き継ぐことになったが、「入社時は何の技術もなかった」と当時を振り返る。

業歴の長いメンバーも多い中、二代目として技術のないまま入社し、「これから先、会社がどういうふうにやっていくのかを創るのが自分の役目だ」と思っていたという。

ターニングポイントになったのは、淀屋橋事務所の新設だった。

もともと南大阪の住吉区に事務所を構えていたが、顧客ターゲットを個人から企業にシフトしようという狙いのもと、中央区の淀屋橋に二拠点目の事務所を新設した。同時に、提供するサービスも企業向けのものへとシフトしながら、組織づくりに励んだ。

岸田さんは当時を振り返って**「淀屋橋に事務所を新設し、たくさんの方との出会いがあって、支えていただいて現在に至ります」**と語る。

出会いに恵まれたワケ

なぜＫＴオフィスは多くの出会いに恵まれたのか。岸田さんに質問すると、次のように答えてくれた。

「先代の頃から会社を続けてきて、ある程度の信用と実績があったことが一つの理由だと思います。先代の頃メンバーが積み上げてきた信用があったことに加え、若いメンバーを中心としたチームがパッションをもって元気に頑張っている姿勢を評価してもらえたのではないでしょうか。当時いただいていたご縁がすべての出発点になっていると振り返っています」

とはいえ、事務所を淀屋橋に新設したものの、そこでなかなか仕事が獲得できない時期もあったという。一年ほどは、ビジネス街の中心である淀屋橋にて人間関係を築いていこうと、人と会うことを自分に課していた時期もあったそうだが、それでも業績はなかなかついてこなかった。

そんなスランプを脱したきっかけは、いろいろな人から働き方や考え方を学んだことだった。たくさんの人に会い、人間関係を築くことに並行して、夜と週末を利用して約三年間ビジネススクールに通ったそうだ。ビジネススクールで経営のいろはをしっかり学ぶとともに、さまざまな経営者と出会ったことが、飛躍のきっかけになったという。岸田さんは当時を振り返って**「蒔かない種は咲きませんから」**と笑う。

淀屋橋でのスランプを脱した後は、比較的早く、仕事がうまく回り始めたそうだ。岸田さんは**失敗を恐れることなく、新しいものにどんどん取り組んでいった**。

「時代も良かったですね。当時の住宅産業は、需要が多く供給が少なかったのだと思います。ちょうど不動産の証券化が始まったタイミングだったため、かなり研究しました」

当時の印象的な失敗を尋ねると、岸田さんは「ありすぎて語りつくせません」とおどけた。周囲の先輩たちから「岸田くん、これはだめだよ」「もっと勉強しなくちゃ」と叱られたこともあったというが、「教えていただけることがありがたい」と捉え、素直に学んでいったそうだ。**「誰かから何かを丁寧に教えてもらえることが珍しい時代だったこともあり、ストレートに叱ってもらえることはありがたかったですね」**と当時を振り返っている。

若手や新入社員を育てるコツ

優秀な上司は「若手に任せる」

岸田さんは、若手メンバーにどんどん仕事を任せることを信条としている。

「仕事には失敗がつきものですが、優秀な上司は若手の失敗をカバーできるものです。**若手に何も任せず、失敗を経験させない人は優秀な上司とはいえない。**上司ならば、若手に思いきって任せる勇気も必要です。本当の愛は、自分の足で立つことを支援することです。また、失敗との向き合い方も大事です。失敗しないと人は成長しませんし、僕自身、これまで失敗から大きな学びを得てきましたから」

とはいえ、失敗ばかりでは会社はうまくいかないのではないだろうか。

「失敗をどんどんさせるといっても、もちろん会社が潰れない程度に調整することは必要です。失敗の事後処理を誤ると会社が傾いてしまうので、トップとして、失敗には誠実に向き合うようにしています」

岸田さんいわく、失敗が問題になることはないが、失敗したからといってミスを隠そうとしたりするのはよくない。失敗したあとの対応にその人の資質があらわれるという。

大切な情報はすべて「1冊の手帳」に

岸田さんはお話ししながら、オフィスカラーの青色の手帳をめくっている。

「この手帳は『オフィススタンダード』と呼んでいるもので、会社のルールブック、憲法のようなものです。『まっすぐ』という経営理念と、それを経営理念としている理由に加え、その年の経営方針、ミッション、人事制度、サービス方針、ミスの考え方などを1冊にまとめています」

手帳は100ページにも及び、毎年アップデートし、社員全員に配布しているそうだ。

「メンバーが10人、20人であれば、丁寧にコミュニケーションすれば、会社の方針を共有できるでしょう。でも、メンバーが50人を超え、これから100人になっていくプロセスにおいて、しかもリモート勤務が増えていく中で、これまでと同じ密度で情報共有するのは難しいと考えました。そこで、**会社のことをすべて明文化して、1冊の手帳にまとめて、社員全員に配布することにした**のです。これまであちこちに分散していた情報を一元化するという狙いもありました」

なお、この手帳はナンバリングされており、誰がどの番号の手帳を持っているかがわかる仕組みだ。「これなら絶対になくせないでしょう」と岸田さんは笑う。

岸田さんの経営のエッセンスが詰め込まれたこの手帳は、中小企業の経営者に無償で提供することもあるという。**「それでその人の会社が良くなるならうれしいですよ。会社が良くなると働く人も良くなるし、サービスが向上してお客さんもうれしい。そんなふうに貢献できるなら幸せですね」**

手帳を導入して4年ほど。判断に悩んだときは手帳を見ればわかる、というシンプルさが、入社後まもないメンバーにも好評だという。「僕自身も自分を律するためにこのルールの範囲で動こうと思っています」と、岸田さんはどこまでも謙虚だ。

エピソード11

痛みに苦しむ人たちを救うために「治療の伝道師」になる

――はしもと接骨院 総院長

羽田野 龍丈さん

1976年、神奈川県に生まれる。高野山大学で日本拳法と武道に明け暮れるも、2年生の時に肩関節脱臼、その後反復となり現役を引退、柔道整復師を目指す。地元、神奈川県相模原市の淵野辺接骨院の庄司院長の元修行し、2008年に「はしもと接骨院」を開業。ハイボルテージ治療を広めるため、2013年にNPO法人日本電気治療協会を発足し、理事長に就任。

先入観は、可能を不可能にしてしまいます。

――大谷　翔平

（プロ野球選手・1994年－）

突然届いた「本出した？」のメッセージ

28年ぶりの再会

はしもと接骨院の総院長であり、日本電気治療協会の理事長でもある羽田野龍丈（以下龍丈）は、私の高校時代の同級生だ。同じクラスではなかったものの、当時から仲の良い友人であった。

そんな龍丈との交流が再開したのはほんの半年ほど前のこと。突然、Facebookの友達申請とともにメッセージが届いたのだ。

龍丈は自ら総院長として施術を行いながら、他の接骨院の先生方に治療のノウハウを教える活動もしており、全国各地に何百人もの受講生がいる。ある日、受講生のうちの一人から次のような連絡があったという。

「昭和51年の日大三高野球部４番の人が本を出版したって日経新聞の記事に出ています。」

先生の同期ではないでしょうか？　記事を送りますのでご覧ください」

送られてきた記事を見た龍丈は、私の顔写真を見て「野球部時代の坊主頭の松本くんしか知らないけれど、これは彼に違いない」と思ったという。そこでFacebookで私の名前を検索し、探し当てて、「久しぶり。本出した？」とメッセージをくれた。そしてその数カ月後、共通の友人の旗振りにより同窓会を開催し、実に28年ぶりの再会を果たしたのだった。

高校生時代の友人と大人になってから会うのは不思議な気持ちだった。龍丈はそのときのことを「野球に夢中で、口を開けば野球のことばかり。そんなイメージだったのに、久しぶりに会ったらビシッとスーツを着ているし、本を出して、ビジネスの話をしている。過去のことは言わないけれど、まったく違うジェントルマンになっていて驚きました」と笑いながら振り返ってくれた。

私もまた再会によって、彼の変貌ぶりに驚いた。龍丈は将来、お坊さんになるものだと思っていたからだ。彼の祖父はお坊さんで、龍丈さんという名前も、お寺を継ぐことを前提としてつけられたものだった。

彼は私のことを「野球の話しかしなかった人がビジネスパーソンになっている」と評してくれたが、彼も「お坊さんになると思っていたら、接骨院の先生になっている」のだから似たようなものである。野球部だった私はビジネスパーソンに。お坊さんになるはずだった彼は医療職に従事し、接骨院の総院長として活躍するだけでなく、講師として全国を飛び回っている。28年という時の長さを感じる変化だ。

地元を大切にする経営

なお、総院長は龍丈なのに、自身が経営する接骨院の名前は「羽田野接骨院」ではなく「はしもと接骨院」だ。不思議に思ってその由来を尋ねてみると、「はしもと」は地名だという。接骨院の所在地が神奈川県相模原市緑区橋本であることから、この名前をつけたそうだ。

龍丈によると、接骨院経営の師匠が**「地元を大切にしなさい。開業したら、院の名前には所在地を冠して、見える範囲にはすべて挨拶に行きなさい。自治会と商店会には必ず入会して、地域のお祭りには必ず参加すること」**という教えを授けてくれたのだという。

「羽田野式ハイボルト治療」誕生のきっかけ

「ハイボルト」を使った治療の先駆者として

龍丈は、患者さんの治療にあたるのみならず、他の接骨院の医師に対して、自身が編み出した「羽田野式ハイボルト治療」の指導もしている。

羽田野式ハイボルト治療は、ハイボルトという機械を用いた新しい治療法だ。「患者さんの怪我をもっと早く治してあげたい」と考えて試行錯誤を重ねていたとき、高電圧電気で刺激して痛みを和らげるこの機械に出会ったという。メーカーに「この機械を使うと、どんな怪我や症状が治るのですか？」と尋ねたところ「何でも治りますよ」と言われて、すぐに購入したそうだ。

「ハイボルトを購入する際、『使用法を教えてもらえるセミナーはありますか？』と聞いてみたのですが、『マニュアルはご用意していますが、セミナーは開催していません。でも、何でも治りますよ』という答えでした。正しい使用法もよくわからないまま導入したんです」

当時ハイボルトは、海外から日本に持ち込まれたばかりで、まだ使用法が確立されていなかったという。

龍丈は**「当時は若くて素直でしたから、メーカーの『何でも治りますよ』という言葉を信じて試行錯誤し、適切な使用法を模索していました。でも、本当にいろいろな怪我や痛みが治ったんです」**と当時を振り返っている。

「こんなにいろいろ治しているのは羽田野先生くらいですよ」

海外から持ち込まれたばかりで、講習会さえ存在しなかったハイボルトを、どのように使いこなしていったのだろうか。

「マニュアル通りに試しても思うような効果が出ない症例や、マニュアルに記載のない症例には、専門学校で得た知識を引っ張り出して対応しました。

中学生・高校生のときはさほど勉強熱心なタイプではなく、授業中もほとんど寝ているくらいだったのですが、接骨院の専門学校に入学したときに心を入れ替えたんです。**『これは学校の勉強ではなくて仕事だ。将来接骨院という仕事で成功を収めるには、ここでしっかり頑張らなければならない』と考えて、3年間毎日、教卓の目の前の席を陣取って授業を受けていました。**その席なら絶対に寝ませんから」

専門学校で熱心に学んだ龍丈の頭の中には、解剖学や生理学の基礎知識が詰め込まれていた。その知識をもとに「この筋肉はこの筋肉とつながっていて、さらにこの筋肉はこの神経とつながっているから、ここにハイボルトで電気を当てればいい」などと自分なりに仮説を立てて試していくと、何度目かの挑戦で、期待どおりの成果が得られたそうだ。

「ハイボルトのメーカーさんに『本当に何でも治るんだね』と言ったら**『こんなにいろいろ治しているのは羽田野先生くらいですよ』**と言われてしまいました」と龍丈は笑いながら振り返る。

龍丈がハイボルトを導入したのが15年前。それ以降、WBCやサッカーワールドカップ、レスリングの著名な大会などに貸し出して、多数のアスリートの怪我や痛みを治してきたという。

痛みの真の原因を特定し、アプローチする

開業2年目にしてハイボルト治療の講師に

ハイボルトを使いこなす龍丈は、開業わずか2年目、32歳にしてこの機械の講師を務めているというから驚きだ。

「メーカーさんから『講師をお願いできませんか?』と声をかけてもらい、『いえいえ、他にも先輩方がいらっしゃるのに僕なんて』と辞退したところ、『では、座談会形式にしますのでお願いします』と言われて引き受けたんです。ただ蓋を開けてみると、ほとんど僕がしゃべってしまいましたが(笑)」

ハイボルトは、ハンディプローブを痛みのある部位に当て、通電させることによって症状を和らげる機械である。ただし龍丈によると、首が痛いからといって首にハイボルトを当てればいいとは限らない。

「特定の部位に痛みがあるとき、その真の原因はたいてい、別の部位にあります。たとえば肩が痛いとして、肩を揉んでも叩いても治らないときには、骨盤まわりや下半身に原因があることが多いですね。僕はその『痛みの本当の原因』を見つけるのが得意です」

「痛みがある部位」と「痛みの原因となっている部位」は必ずしも一致しない

ハイボルトの講師を務める龍丈。具体的には、どのような知識を伝授しているのだろうか。

「『この部位が痛いときは、この筋肉か、この筋肉か、もしくはこの筋肉に原因がある可能性が高いです』といった知識をお伝えしています。『**ハイボルトを使って治療する**』と一口

に言っても、どの筋肉に痛みの原因が潜んでいるかによって、適切な周波数や機械の角度が変わってきますから」

治療では、ハイボルトを患者さんの体に当てながら、「どうですか？　痛みの感じ方は変わりましたか？」と尋ねる。痛みの感じ方が変わった部位にこそ、真の原因が隠れているという。

たとえば首に痛みが生じたり、可動域が狭くなったりしたとき、一般的な接骨院の治療は、首を揉んだりテーピングをしたりするというものだ。一方、龍丈の場合は、背中やわき腹、腹部に原因があると想定して、治療を施す。医療知識のない人からすると驚きのアプローチだが、解剖学的、生理学的見地に立つと、理に適った治療法だそうだ。

全身にある筋肉と、筋肉同士のつながりを細かく理解し、アプローチすべき筋肉を見極める。そして、筋肉ごとに異なる電気の強さやハイボルトの当て方を記憶し、そのとおりに治療する――。これこそ、羽田野式ハイボルト治療の真髄だ。龍丈はこの治療法を、解剖学的、生理学的知識を持つ柔道整復師や鍼灸師、整骨院の院長クラスの受講生たちに教えている。

「羽田野式ハイボルト治療」を広める理由

「できることなら自分の手で治療してあげたい」という思いから

羽田野式ハイボルト治療は、すでに全国の接骨院で実施されている。なぜ龍丈はこの治療法を全国に広げようと考えたのだろうか。

「離れて暮らす大切な人たちを救うためです。

私の父方の祖父母は大分に、母方の祖父母は兵庫に住んでおり、妻の実家は三重にあります。みんな離れ離れに暮らしているので、その中の一人から『腰が痛いんだけど、どうしたらいい？』と言われても、私がその人のもとに出張して治療することはできません。『どこの病院に行けばいい？　接骨院？　それとも整形外科？』と尋ねられても、その人の近所の接骨院がどんな治療をしているかわかりませんから、軽い気持ちで答えることもできない。『僕が相手のそばにいて、治療してあげられたらいいのに』ともどかしく感じることもしばしばでした」

悩んでいた龍丈は、あるとき「大切な人のもとに、僕の仲間がいればいいんだ」と思いつく。そして、確かな治療技術を持った仲間を全国につくるために、ハイボルト治療の伝道師となった。

大切な人が痛みに苦しんでいるとき、できることなら自分の手で治療してあげたい。でも現実には、自分がその人のもとに行くことも、相手に来てもらうこともできない。ならば、自分と同じ技術を持った人を増やしていけばいい――そう考えたことが、龍丈のターニングポイントとなった。

龍丈のこの活動は、まさに三方よしだ。

龍丈にとっては、大切な人を救う手段となる。

全国の先生のもとには、「羽田野式治療を受けたい」という患者さんが来院してくれる。

そしてもちろん患者さんは、痛みを和らげる治療がすぐ近所で受けられる。

本当にすばらしい取り組みだ。地域密着型の接骨院の先生たちが羽田野式の技術を身につけると、日本中が元気になることだろう。

交通事故の後遺症を治す「古傷バスター」としても活躍

龍丈に得意分野を尋ねると、ねんざ治療という答えがあった。

「僕のねんざ治療を受けた患者さんは、すぐに立てるようになりますし、1週間後には何事もなかったかのように走ります。ねんざとぎっくり腰の患者さんには『すぐに治してあげるから這ってでも来てください』と言うくらいなんですよ。

治療のポイントはやはり、痛みの原因となっている部位を突き止めて、そこにハイボルトを当ててあげることです。といっても、これは僕だけの技術ではありません。**僕がハイボルト治療を伝授した人たちは、誰でもこれができるようになる。羽田野式ハイボルト治療がここまで広がったのは、再現性があるからであって、それが何より自慢なんです**」

ねんざやぎっくり腰の治療のほか、龍丈のもとには、交通事故の患者さんも多くやってくる。交通事故に遭ったばかりの方はもちろん、むち打ちなどといった後遺症に苦しむ方の治療実績も多く、「古傷バスター」を名乗るほどの腕前だというから頼もしい。
「古傷も、痛みのある部位とは別のところに原因が隠れているケースが多いんです。他のお医者さんが手を尽くしても治らなかったなら、別の部位に痛みが飛んでしまっているかもしれない。そう考えて、丁寧に原因を探っていきます」

実は私自身、龍丈の治療を定期的に受けるようになってから、20年以上にわたって付き合ってきた後遺症が改善している。

「交通事故の後遺症に苦しむ患者さんは『私の首は天気予報。今日は首がかなり痛むから雨が降るよ』などと言うほど、長年後遺症と付き合い、半ばあきらめてしまっている人が多いのですが、決してあきらめないでほしい。原因がわかれば、結果は変わりますから。**僕のもとに来てくれれば、交通事故に遭ったばかりの人なら、後遺症が出ないように調整できます。後遺症がすでに出てしまっている人の場合は、痛みの原因を探して治療します。**絶対にあきらめないでください」

培ってきた技術を独占することなく、丁寧に言語化して伝えていく

私が龍丈の接骨院に通うようになってから、そのあまりの腕の良さに、「こんなにスゴ腕の先生は他にはいない」と感じた。だが龍丈は、その知識やノウハウを独占することなく、全国に弟子を育てている。

「かつては感覚で治療していたこともありましたが、治療の様子を第三者に見せたり、映像や音声を撮ったりすることをくり返すうちに、パターンが見えてきました。そのパターンをマニュアル化することで、『この角度でハイボルトを当てて、こう説明してあげると、こんな結果が出る』ということが見えてきましたし、それを他の先生たちにお伝えできるようになったんです。僕のマニュアルに沿って実践してもらうと、結果がガラッと変わりますよ」

医療人としての龍丈の「格の違い」を感じてしまうエピソードだ。そう感想を伝えると、ユニークな答えが返ってきた。

「一般的な接骨院の先生の免許は、自動車でいうと普通免許。ただし僕は、普通免許の人をレーサーに変えることができます。

普通免許の人は、解剖学や生理学の知識があるため、一般道を問題なく運転（＝治療）できます。でも、時速200キロメートルでカーブを曲がることはできない。『どのくらいの角度で曲がればいいか』の知識を持っていないからです。ここまでの知識は、普通免許であれば不要ですから。

でも僕の講座では、時速200キロメートルでカーブを曲がるための知識を徹底的に伝授する。それに、性能のいい車（＝ハイボルト）を使いますから、きちんと知識を身につけてくれれば、どうやってもすごい結果が出ます。どんなに運転の苦手な人でも、レーシングカーに乗って思いっきりアクセルを踏み込んだら速く走れるのと同じことです」

総院長として多くの患者さんを救うのみならず、他院のプロフェッショナルを磨き上げて「本物のプロフェッショナル」へと育てる。それこそ、龍丈が情熱を注ぐ仕事なのだ。

どこに引っ越しても、龍丈の弟子の治療を受けられることを幸運に思う。メーカーさえ想定していないほどの成果を出す龍丈のプロフェッショナル精神と情熱を、これからも応援し続けたい。

エピソード12

クラウドツール導入支援を通じて数字に強い経営者を育てる

――SHIPグループ代表

鈴木 克欣さん

1970年生まれ。立命館大学経営学部卒業・名古屋商科大学大学院修了(経営学修士)・京都大学上級経営会計専門家(EMBA)プログラム修了。1976年から続く税理士事務所の二代目であり、税理士法人SHIP 代表社員税理士として本業の税務会計業務を遂行する一方、株式会社SHIP、税理士法人SHIP、社会保険労務士法人SHIPを統括するSHIPグループ代表として、経営計画を主軸とした組織構築や事業承継、後継者育成など、常に中小企業経営者の悩みに寄り添った支援を行っている。

挑戦すれば成功も失敗もあります。
でも挑戦せずして成功はありません。

——野茂　英雄（元プロ野球選手・1968年－）

「税理士資格だけでは厳しい」と考え、MBAを取得

時代の変化に対応して、柔軟に対応する

ＳＨＩＰグループは、税理士法人ＳＨＩＰを中心としたコンサルティンググループだ。税理士業務と企業に対するコンサルティングを主な業務内容としている。

今回お話を聴いた鈴木克欣さんはグループの2代目だ。先代であるお父さんのときとは時代が変わっているため、お父さんと同じやり方では厳しいと感じ、クラウドツール導入支援をはじめとして、さまざまな取り組みをしている。

鈴木さんは「先代の頃とは世の中が大きく変化しましたし、企業のあり方や会計事務所への要望も変わりつつありますから」と語る。

当時はコロナ禍ということもあり、現在は多くの企業が資金繰りに苦しんでいる状況だった。鈴木さんのもとには、そんな苦境をいかに打破していくかという相談が多く寄せ

られた。**変わらず税理士業務が中心ではあるものの、ここ数年、コンサルティング業務の比重が増加の一途をたどっている**そうだ。

ターニングポイントは、地元の有名経営者からの指名

コロナ禍における苦境を打破したいという相談が多いというが、経営が苦しければ、税理士やコンサルタントへの相談料も捻出できないだろう。相談相手として税理士を選ぶのは珍しくはないが、どれだけの税理士がアドバイスできるのだろうか。

「経営についてアドバイスできる税理士は、私の体感では10人に1人くらいでしょうか」

鈴木さんは、経営者にアドバイスできる稀有な税理士だということだ。いかにしてそのようなスキルを身につけたのか。

「まわりの経営者から教わったところが大きいですね。この業界に入ってからの20年間でさまざまな経営者と出会い、影響を受けました。

特に学びが深かったのは『やり方』より『あり方』です。**今の時代こそ、『やり方』より**

『あり方』がものを言うと考えています」

そんな鈴木さんのターニングポイントは、税理士の資格を取得する前、30代前半のとき。地元で有名な企業から「顧問税理士の変更を検討している」と相談を受けたことだった。

当時、その企業の代表はすでに5人ほどの税理士と面談していた。その中で最終的に顧問税理士として選ばれたのが、当時税理士の資格を未取得の鈴木さんだったのだ。鈴木さんは当時を振り返って「**資格を持っていないのに選んでいただいた。このことが大きな刺激であり、活力になりましたね**」と語る。

当時の鈴木さんは、MBA取得に向けて勉強に励んでいた時期だった。「これからの会計はこうなるはず」「これからの税理士はこうあるべきだ」と熱く語り、先方と意気投合したそうだ。

「税理士として働く父の様子を見て、『時代が変わっていく中、税理士資格だけでは難しい』と感じたことをきっかけに、経営大学院に通い始めました。**この経験があったからこ**

そ、経営者の考え方を知れて、税理士としてクライアントに伝える言葉が変わったと思います」

最新技術を使えないと、クライアントは離れていく

税理士法人ＳＨＩＰの特徴は、ＩＴやＡＩ、ＤＸなどに注力している点だ。会計の分野でもＩＴ化が進んでいるため、常に情報をアップデートし、ＩＴを活用して中小企業を支援しているのが強みである。

一般企業ではもはや、ＩＴ・ＡＩ活用は常識となりつつある。だが、税理士業界では、まだまだＩＴ・ＡＩ導入を嫌がる税理士も多いという。その理由を鈴木さんは「会計事務所はアナログの人も多く、わからないものを敬遠する人も多いですからね。税理士に限らず、経営者も『積極的にＩＴ・ＡＩを活用する人』と『ＩＴ・ＡＩ導入を拒む人』で二極

化していると感じます。スマホが流行り出した頃も同じでしたよね。積極的にスマホを活用する人と、いつまでもガラパゴスケータイを使い続ける人に二極化していた印象です。『自分の仕事がＩＴ・ＡＩに奪われてしまうのでは』という気持ちもわかりますが、**最新テクノロジーにキャッチアップしていないと、クライアントはいずれ離れていってしまうでしょう。**最新のシステムは感覚的に使えるものばかりですから、テクノロジーに苦手意識のある人も積極的にチャレンジしてほしいです」

最新テクノロジーを使いこなす税理士法人ＳＨＩＰの対応地域は東京から沖縄までと幅広く、日本全国に顧客がいるという。

顧問税理士がついている企業のＩＴ・ＡＩ導入・活用を「セカンドオピニオン的に」支援するケースも多い。税務関係は顧問税理士に任せつつ、税理士法人ＳＨＩＰがプラスアルファを支援する形だ。さらには、中小企業だけでなく、税理士にもＩＴ・ＡＩの仕組みをレクチャーするなど、業務範囲を拡大中だ。

クラウド会計システムは「経営者の通知表」

未来を見ると、経営は楽しくなる

クラウド会計を導入すると、企業経営はどう変わるのか。

「**企業経営において最も重要なのは、現状、つまり『昨日までの自社がどうなっているか』を知ることです。**クラウド会計を導入すると、経営の現状をわかりやすく把握できる数字が簡単に手に入ります」

税理士法人ＳＨＩＰが勧めるのは、株式会社ＹＫプランニングが提供する経営支援システム「ｂｉｘ·ｉｄ（ビサイド）」。会計ソフトによってできあがった数字を、経営者にとって見やすい形で示してくれる優秀なシステムだ。既存の会計ソフトと連動可能で、これまで使ってきた会計ソフトから別ソフトに変更する必要がない点も優秀だという。

鈴木さんはb・i・x・i・dを**「経営者の通知表のようなもの」**と表現する。

「b・i・x・i・dによって、今後自社をどうしたいか、決算をどうしたいかを簡単にシミュレーションできるだけでなく、その進捗をスマートフォンで簡単にチェックすることも可能です。

軸足を過去や現在ではなく未来に置いたほうが、経営は楽しくなるもの。**b・i・x・i・dは経営を楽しくしてくれるツール**なのです」

結果を出す経営者は数字に強い

鈴木さんがb・i・x・i・dと出会ったのは、新型コロナウイルスが流行しはじめる前のことだった。20年ほど前からクラウドツールの導入・活用支援を行ってきて、いろいろなシステムを使ってきた鈴木さんだが、初めてb・i・x・i・dを使ったときには「すばらしいシステムだ」と感動し、自社に導入するだけでなく、導入支援を始めることを決めたという。

「コロナ禍においても、一貫してb・i・x・i・dの導入を支援してきました。アフターコロナの時代、企業の経営が苦しくなることを考えると、もっと多くの企業に導入してもらいたいですね」

コロナ禍においては、行政からの助成金や融資があった。

だが今やアフターコロナ時代に突入している。融資の返済がスタートし、追加の助成金も支給されない中、これから厳しくなる企業は多いと鈴木さんは予想する。そして、そんな時代だからこそ、b·i·x·idを導入して経営を改善していく必要があるのだ。

「相談に来られる経営者の9割以上は数字が苦手で、損益計算書を見てもよく理解できないとおっしゃる人が多い。そんな経営者にこそ、数字の感覚が身につくb·i·x·idはおすすめです」

鈴木さんによると、**結果を出している経営者の共通点は数字や会計に強いこと**だという。

「怖がらず、b·i·x·idをうまく活用して、数字に強くなってもらえたら」と語る鈴木さんは「日本の中小企業を元気にしたい」というオーラに満ちていた。

おわりに

本書で取り上げた話は、ラジオ収録時にうかがったのだが、こうして文字として読むとそのときには気づけなかった、いろいろな学びがあることを感じている。

収録のときには、簡単な打ち合わせはあるが、細かいシナリオを前もって設定しておくわけではない。お招きしたかたからどんな話が出るかは未知数の状態で収録が進行する。だから私も、みなさんとの話を通して自分の知力がどんどん鍛えられているように思う。

みなさんの話を振り返ると、プロにはいくつかの共通点があるように思う。それは、実行力、継続力、忍耐力の3つだ。

プロとして活躍している方々は、この3つの力を持ち、自分で決めたことを実行し、それを忍耐強く継続している。それはいずれも、自己への期待があるからだと思う。つまり、未来の自分を思い描き、未来の自分に対して期待しているから、何が起こっても忍耐強く「決めたこと」を継続し、実行していけたのではないか。そして、この実行力・継続力・忍耐力の3つが重なり合い、壁を乗り越える突破力を生み出しているのではないだろうか？

その道を極めた人というのは、未来のビジョンを描いているから壁に直面しても突破していけるのだ、と私は考えている。常に未来を見ていたからこそ、下積み時代にどんなにつらいことがあっても、耐えられたのではないだろうか。逆に言えば、その未来を描いていなかったらきっと耐えられなかっただろう。

未来を描くことがいかに大事か、それを12人のプロフェッショナルのみなさんの話からあらためて感じている。

最後に、私がこの本を出版したもう一つの理由を話したい。

今の時代、本やネットで簡単にたくさんの情報を得ることができる。しかしその分、どの情報を信じていいかわからない、あるいは欲しい情報が見つからない、という人も多いのではないだろうか。

これは私自身、起業したときに感じたことだ。「地主の参謀」として起業した当時、私はどのように事業を成長させるか、たくさんの本を読んで学びを得ようとした。しかし、大手企業の経営者が書いた本が多く、もちろん勉強になる内容であったが、どれも自分には遠い世界の話だった。

加えて、私のビジネスが他にはない、まったく新しいものだったということもある。そのため私は、同じ業界の人よりも異業種の人からヒントを得られるのではないかと考え、さまざまな業界のプロから積極的に学ぶようにして、少しずつ道を切り拓いていった。だから本書では、さまざまな業界で、さまざまな規模のビジネスを展開している方の話を集めた。生き方や壁の乗り越え方もさまざまなので、読者のみなさんは自分に近い、あるいは自分に合うと思える話に出合えるのではないか、と期待している。

10人いれば、10通りの生き方がある。その中には自分に合う人もいるだろうし、合わない人もいるだろう。けれど、たくさんの人の「生き方」や「やり方」を知っていれば、それらが新しい指針となり、視点や発想力が進化し、目的地へ辿り着く道が見えるようになるかもしれない。そして、それこそが「実践知」——すなわち、経験の積み重ねによって得られる知識だと、私は考えている。

本書がみなさまにとって、今後の人生に役立つヒントを得られる1冊となれば、著者としてとてもうれしく思う。

２０２４年４月吉日

松本　隆宏

最も強い者が生き残るのではなく
最も賢い者が生き延びるのでもない。
唯一生き残ることができるのは、変化できる者である。

——レオン・メギンソン（経営学者・1921－2010年）

カバー写真　OsakaWayne Studios
ＤＴＰ　マーリンクレイン
編集協力　ブランクエスト

松本隆宏（まつもと・たかひろ）

ライフマネジメント株式会社代表取締役

1976年、神奈川県相模原市生まれ。高校時代は日大三高の主力選手として甲子園に出場。東京六大学野球に憧れ法政大学へ進学。大学卒業後、住宅業界を経て起業。「地主の参謀」として資産防衛コンサルティングに従事し、この10年で数々の実績を生み出している。また、最年少ながらコンサルタント名鑑『日本の専門コンサルタント50』で紹介されるなど、プロが認める今業界注目の逸材。著書に『地主の参謀──金融機関では教えてくれない資産の守り方』（2018年、エベレスト出版）、『アスリート人材』（2022年、マネジメント社）、『地主の決断──これからの時代を生き抜く実践知』（2023年、サンライズパブリッシング）、『地主の真実──これからの時代を生き抜く実践知』（2023年、マネジメント社）がある。

＼ラジオ大阪OBCで、ラジオ番組を放送中！／

松本隆宏の参謀チャンネル®

ラジオ大阪OBC FM91.9 AM1314
毎週水曜日 19:45〜20:00

＼過去の放送分はこちらから聴くことができます！／

https://lifem.biz/radio-sambou/

プロたちのターニングポイント

2024年　4月23日　　初版第1刷発行

著　者　　松本隆宏
発　行　　サンライズパブリッシング株式会社
〒150-0043
東京都渋谷区道玄坂1-12-1　渋谷マークシティW22階
発売元　　株式会社飯塚書店
〒112-0002
東京都文京区小石川5-16-4
印刷・製本　　中央精版印刷株式会社

ISBN 978-4-7522-9034-6　C0095
©Takahiro Matsumoto 2024 Printed in Japan

本書の内容の一部、または全部を無断で複写・複製することは、法律で認められた場合を除き、著作権の侵害になります。

落丁・乱丁本は小社までお送りください。お取り替えいたします。定価はカバーに記載されています。